A mi amiga " Mumrose "

Traducción: **Francisco Flores**
Revisión literaria y adaptación: **Ana María Cadena Reyes**

UNA GUÍA PARA
LOS ABUELOS
DEL SIGLO XXI

ABUELOS DEBUTANTES

Caroline Cotinaud

EDITORIAL
TRILLAS

México, Argentina, España,
Colombia, Puerto Rico, Venezuela ®

Catalogación en la fuente

Cotinaud, Caroline
    Abuelos debutantes : una guía para los abuelos del siglo XXI. -- México : Trillas, 2013.
    157 p. : il. col. ; 23 cm. -- (Padres debutantes)
    Traducción de: Grands-parents débutants
    ISBN 978-607-17-1678-1

    1. Padres e hijos. 2. Niños - Cuidado e higiene.
I. t. II. Ser.

D- 306.8745'C248a   LC-BF723.G68'C6.3

Título de esta obra en francés:
Grands-parents débutants
versión autorizada en español de
la edición publicada en francés
© 2009, Editions First, París
ISBN 978-2-7540-1399-4

Derechos reservados
© 2013, Editorial Trillas, S. A. de C. V.

División Administrativa,
Av. Río Churubusco 385,
Col. Gral. Pedro María Anaya,
C. P. 03340, México, D. F.
Tel. 56884233, FAX 56041364
churubusco@trillas.mx

División Logística,
Calzada de la Viga 1132,
C. P. 09439, México, D. F.
Tel. 56330995, FAX 56330870
laviga@trillas.mx

🛒 **Tienda en línea**
www.trillas.mx
www.etrillas.mx

Miembro de la Cámara Nacional de
la Industria Editorial Reg. núm. 158

Primera edición, agosto 2013
ISBN 978-607-17-1678-1

Impreso en México
Printed in Mexico

Índice de contenido

Introducción

BIENVENIDO A LA "ACTITUD MODERNA"

Cada vez más jóvenes, guapos y dinámicos, los nuevos abuelos no desempeñan precisamente el mismo papel que antes, tiempos en los que no existía la computadora, donde un mameluco sólo podía imaginarse rosa o azul, tejido a mano. ¡Ese papel "de oro" probablemente no es con precisión lo que imaginaban, pero tengan la seguridad de que les apasionará graciosamente!

Abuelos del siglo XXI, prevénganse de acomodar con ternura sobre el disco duro de sus recuerdos, todo aquello que conservaban de sus abuelos. Las hadas, Pinocho, los caramelos enlatados, los Mecanos, los collares o cuellos Peter Pan y las degustaciones de los jueves que acuñaron su infancia: se acabó, no existen más. Ahora, los buenos abuelos se forman en los restaurantes de comida rápida o frente a una consola de videojuegos, los abuelos cambian su calzado impecablemente brillante por los tenis Converse y las abuelas dejan colgando sus camisas de seda salvaje y lucen orgullosamente una camiseta de Hello Kitty^{MR}.

Esto no significa que su papel sea menos esencial: ¡Sólo es diferente, y cuando digo diferente, es fundamentalmente diferente! ¿Pero ustedes, se parecen a los abuelos de antaño? ¿Qué tienen en común con la linda abuela acurrucada en su rebozo tejido a mano, o el abuelo que llenaba los oídos con sus recuerdos de antiguo combatiente, disfrutando de su vieja y buena pipa de tabaco gris? Después de ellos y hasta hoy, han pasado cosas.

Para empezar, ustedes son más jóvenes en todo caso, actúan como tales. Sus hijos, sus periódicos, su médico y la tierra entera, los estimulan para hacer deporte, entretener sus neuronas, comer, beber, pensar en ayunas y, si esto no fuera suficiente, enfrentar la mesa de operaciones para un rejuvenecimiento extremo. Es simple: quisieran envejecer lo más tranquilamente posible.

Entonces, llevan una vida activa y no es porque "oficialmente" estén retirados, pasan el tiempo:[1]

• Frente al televisor	sí	no
• Durmiendo	sí	no
• Haciendo crucigramas	sí	no
• Comiendo	sí	no
• Cultivando hortalizas	sí	no
• Chismeando con los vecinos	sí	no
• Tejiendo	sí	no
• Jugando Scrabble[MR]	sí	no
• Aburriéndose	sí	no

Mujeres y hombres dinámicos, ustedes salen a divertirse por las noches, viajan, se interesan en mil cosas y todavía poseen gran entusiasmo y alegría de vivir, que los medios de comunicación descubren asombrados, como si a partir de los 50 años el vigor, la sexualidad y la curiosidad, se deslizaran hacia la nada.

Pero, sobre todo, y esto no ha sido lo más fácil, han aprendido a utilizar la computadora y luego a navegar en la red. Hoy cuentan con IPhone, Wii, bluetooth y saben qué significa "chatear", "blog", "bug". Dios nos libre, están a salvo de naufragar ya que, como a las pasas los pequeños ponen mala cara los abuelos "a la antigua". Así que de ser necesario, en ocasiones para inculcarles ciertos valores a los suyos, deberán adaptar sus métodos, vocabulario, hábitos culturales y manera de vestir, a su universo, poniendo mucha atención en los límites y los errores que arriesgarían el vínculo maravilloso que existe entre ellos y ustedes. Por ejemplo, ¡jamás se disfracen de alguien "cool" para agradarles, ya que eso para ellos representa una gran vergüenza! La paradoja, en efecto, se sitúa entre la necesidad de estar a la moda para dialogar con ellos, sin

[1] Esta es una prueba. Si tienen más de cuatro sí, desconfíen… ¡Riesgo de derrape hacia una vía muerta!

invadir su territorio. No exageren, más adelante comprenderán a lo que me refiero.

Ser abuelos es un arte de oro, incluso Víctor Hugo que fue un marido deleznable, un amante complicado y un padre excesivo, se convirtió en lo que llamó y escribió como un abuelo ejemplar. El desborde de loco amor por ese pequeño ser salido de otro vientre es perfectamente imprevisible e incontrolable. Pudieron haber sido los más grandes parranderos de la tierra, aventureros en el fin del mundo o tranquilos empleados del ayuntamiento, todos serán iguales bajo la cuna: ancianos, y esta ciega senilidad aumentará año con año, cada vez con más ternura, orgullo, admiración y júbilo, ante el mínimo de los gestos y actos del nuevo ser. No para educarlo, porque sus padres se van a encargar, sino para ofrecerle lo que precisamente sus padres, sumergidos en el papel de educadores, en su carrera profesional y en los créditos en curso, no le pueden ofrecer: tolerancia, tiempo disponible, las cosas que sólo hace en tu casa, las confidencias que sólo lleva a cabo contigo, el permiso para desafiar las prohibiciones y el orgullo de ser su Pequeño Rey o su Pequeña Reina, con autorización para caprichos y regalos en abundancia. Este espacio de amor le es necesario para perfilar su ego, del que no decimos suficiente sobre lo vulnerable que resulta en la infancia.

En la época del Cromañón no había abuelos y con razón: la esperanza de vida entonces se encontraba en su nivel más bajo: ¡Morían demasiado jóvenes para tener el tiempo de hacer saltar pequeñines sobre sus callosas y velludas rodillas! Podemos, entonces, deducir que el arte de ser abuelo no es innato. Es una adquisición evolutiva, trasmitida de generación en generación y adaptada en función de las épocas atravesadas. De esta forma, la condesa de Ségur y sus rimbombantes afectos, no tienen nada que ver con ustedes, ni tampoco se parecen a la abuela del año 3000. ¡Ah, lo que daría por poder ver lo que será!

Todo esto para decir que los abuelos tienen un papel delicioso, y a menos que existan graves e imperiosas necesidades, ustedes están ahí para acariciar, consentir, felicitar y echar a perder. La vida se encargará suficientemente temprano de enseñarles a nuestros pequeños ángeles que también existe la violencia y la miseria. ¡En el amor, todo lo que se ha tomado no se vuelve a tomar! Piénsenlo cuando lo tengan en sus brazos, anidado en el sillón y solicitándoles que le cuenten por onceava vez la historia de la pequeña pollita azul. Él en algún momento, retirará su atención y, envuelto en una burbuja de suavidad, te dirá: "¿Sabes?, te quiero mucho…". Tengan cuidado para no derretirse de felicidad, lo cual deja huellas sobre la alfombra…

Así que, buena suerte a todos aquellos abuelos primerizos que van a descubrir un mundo poblado de superhéroes, donde no tiene más que serlo en su corazón, para su más grande felicidad.

Firma Mami Corazón: La Abuela de Max

Las clases preparatorias

APERTURA

He aquí nueve meses que se esperan intensos de emociones por vivir, de ser posible, serenamente y rodeando de tantas atenciones como puedas a la futura mamá. ¡Después, la estrella será ese pequeño terroncito de amor, el más hermoso del mundo, para el que un día (o tarde), deberás reaprender la puericultura!

"HOLA MAMÁ, ¿QUÉ CREES?..."

¡Es un día bendecido por los dioses de la fecundidad, aunque empieza temprano!

Las mujeres siempre hacen su prueba de embarazo con la primera orina, lo que se recomienda en las instrucciones, y generalmente, eligen el domingo alrededor de las 7 de la mañana. ¿Por qué tan temprano? Porque ellas necesitan de la soledad y la inactiva calma de la hora cuando todo el mundo duerme, para enfrentarse solas ante una respuesta que bien podría provocar la emoción más grande de su vida. A continuación se quedan sentadas un rato sobre el escusado contemplando, incrédulas, el bastoncillo blanco, mensajero de tantas transformaciones.

En tanto, tú duermes profundamente, después de que anoche tus amigos se quedaron hasta tarde, entonces el teléfono salvajemente interrumpe tu apacible sueño. Te levantas demacrado(a), pensando de inmediato en tu señora madre que ya no vive. ¡Pero no, es la voz sobresaltada de tu hija, que no los tiene habituados a tales desbordes y mucho menos a semejantes horas!

- ¿Mamá, papá, qué creen?
- No sé, responden, aclarando la garganta.
- Estoy embarazada, ya está, espero un bebé, acabo de hacerme la prueba.

13

¡Francamente no lo esperaban, al menos no ahora, en este momento, y sobre todo de su pequeña adorada que apenas tiene 25 años! El impacto de la noticia los deja congelados a ambos en la cama, pero hay que reaccionar rápidamente del otro lado de la línea.

- ¡Es maravilloso! ¿Al menos estás bien segura? ¿Y qué dice el futuro papá?
- Todavía está dormido. Se lo diré durante el desayuno. ¡Ah!, no se imaginan lo feliz que estoy. Bueno, nos hablamos en el día. Les mando muchos besos a los futuros abuelos.

Seamos honestos: no todo el mundo salta de gusto los primeros minutos. Ustedes, futuros abuelos, que también son un papá y una mamá, se dan cuenta de que su pequeña se les escapa para siempre, partiendo hacia su destino de adulto.

Y luego, digámoslo, ese "Ludovico" con el que lleva viviendo dos años, no es el progenitor con el que habían soñado para sus nietos. Ahora entra a la familia por la sagrada puerta de la paternidad, y ahí, caramba... incluso a pesar de pensarlo, no volvemos a decir nada sobre su extracción, su indiferencia, ni su trabajo como tercer asistente de un susodicho famoso fotógrafo.

En cuanto a hacerse llamar abuelo y abuela, incluso de broma, a menos que verdaderamente lo tengan por tradición familiar, va a ser necesario detenerlo de inmediato. ¡Ya se lo dije, este tiempo es revoltoso, esto luego se hace feo, y después se hace viejo!

Si ustedes son los futuros ex propietarios de un hijo, la manera en que les anunciará el embarazo de su nuera será más prudente. Los chicos rara vez se regocijan en esos momentos y su alegría interior se expresa progresivamente. Sí, es gracioso, esperen una buena broma sobre el embarazo al final de una comida dominical.

La más clásica:

"Va a hacer falta volver a tejer, mamita, y tú, papá, interésate en mantenerte en forma: habrá mucha actividad por aquí pronto".

Un introvertido preferirá asimilar la noticia detras del anuncio de algún célebre café. En cuanto al hijo que todos y todas soñamos, los invitará a desayunar a un bonito restaurante, y alegremente anunciará la noticia con flores para la abuela y chocolates para el abuelo. Una vez asimilada y digerida la información, habrá lugar para la alegría y la explosión de tu atroz fin de semana, porque llamarás al planeta entero, ¡bebiendo champaña!

¡Cualquiera que sea el método empleado por los futuros jóvenes padres, lo que en adelante cuenta más que todo, mide 2.5 mm, y te va a traer tal alegría, que ni siquiera lo puedes imaginar!

Especial para el abuelo

Si bien estás contento, sin duda resultarás menos demostrativo y también menos afectado en tu sistema hormonal. Me explico: más allá del aspecto afectivo, convertirse en abuela no es trivial para una mujer, que entonces puede temer que su poder de seducción y feminidad disminuya. Para empezar, nada de eso ocurrirá con tu pareja, y además tienen el modelo de sus amigas que ya han dado el paso, quienes pueden ayudarla a tranquilizar las inquietudes y trasmitirle su experiencia y entusiasmo.

Te propongo una idea: por qué no hacerle un bonito regalo del abuelo para la abuela celebrando la ocasión...

CLASES PREPARATORIAS NIVEL 1

¡Oh vientre, único objeto de su adoración!

No le pidas jamás a un futuro abuelo que se sienta extasiado con el vientre de una mujer embarazada, incluso (y sobre todo también) cuando se trata del de su hija. Rigurosamente, hará una pequeña observación sorpresiva del tipo "¿estás segura que no estás esperando gemelos?". Mientras que la futura mamá ofrecerá a su incrédula mirada aquella silueta de princesa que ahora se ha transformado en una masa deforme y claudicante.

Contrariamente, la abuela puede pasársela en grande. De hecho, si por azar, no fuese del tipo que se extasía o enternece, el vientre llamaría su atención y exigiría cuidado en todo momento. Del segundo al noveno mes, se autoproclamará el centro del mundo. Mientras que anteriormente no recibías más que episódicas llamadas, a partir de ahora tendrás varias por día y podrás seguir en directo las náuseas, los antojos, las ojeras, el temor de las estrías, los ardores de estómago, el dolor de senos, y todo. ¡Entonces forzosamente, poco a poco, no quitarás los ojos ni el corazón de ese pequeño vientre que fabrica los ojos más hermosos, las manos más bonitas y las más adorables pompas del planeta!

Los consejos de Mami Corazón

Si tus hijos han decidido guardar en secreto el género y futuro nombre de su bebé, yo lo sé, te va a molestar, pero no insistas. De esta forma marcan el territorio de la familia que están fundando y por muy cercano a ellos que pudieras ser, les resulta necesario aislarse en su burbuja.

Ciertamente, querrás participar en la remodelación de su habitación. También ahí, atención: no resultes invasor ni desbordante. No te encarriles en alguna tienda comprándolo todo, salvo que la joven pareja realmente se encuentre quebrada. La cuna, por ejemplo, es un importante objeto de conversación, a veces polémico, y a menos que exista una cuna familiar en la que han llorado todos los bebés después de varias generaciones, permíteles el placer de elegirla e incluso comprarla, si esa es su voluntad. Esto también ayuda en su desarrollo. Ten la seguridad, no te faltarán ocasiones para saciar tus ganas de comprar durante los próximos veinte años…

Ah, otra cosa: te aconsejo firmemente no comenzar una canastilla, a menos que te sientas capaz de tejer camisetas y pequeños calzoncillos negros con calaveras por encima, infinitamente más a la moda, que el azul o el rosa con angelitos bordados.

CLASES PREPARATORIAS NIVEL 2

No es porque se trate del tuyo, pero...

El pánico está al máximo. "La pequeña" ha tenido contracciones, se fue a la clínica, no podrás alcanzar a tu marido más que en el coche, catastróficamente deberás cancelar la cena en casa de los Martínez y desde luego, te encuentras loca de inquietud. Terminas llamando a un taxi para desplazarte hacia allá, con la certeza de que llegarás muy tarde. Por lo tanto, cuando llegas irrumpes jadeante en la habitación de la futura mamá, descubres a la joven pareja charlando, casi como si no estuviera pasando nada. Él sostiene su mano, ella está sonriente, y tu desenfrenada intrusión, los desconcierta.

"Tranquila, tranquila mamá, no entres en pánico, están controlando la situación". Y así es. Notas que actualmente, un parto se prepara con tal serenidad. Todo el mundo sonríe, desde la partera y las enfermeras, hasta el obstetra, y ahí te das cuenta de que en tu propia experiencia de parto, existe un progreso nada despreciable...

En ese entonces se gritaba y se sufría, a pesar de la llamada preparación sin dolor. El zen no existía todavía ni en el Tíbet, ni en las maternidades donde escuchábamos a las parteras gritando aún más fuerte que las parturientas, dándoles instrucciones: empuje, empuje, más, más, con más fuerza, no, no empuje más, le pedimos no empujar más, señora...; respire, bloquee, continúe, alto..., que traerán varios recuerdos a las lectoras. En fin, el silencio regresaba luego del primer llanto del bebé, mientras que reposaba pegajoso y verdoso, aunque muy suave, sobre el martirizado vientre.

Hoy día, gracias a la epidural, podemos traer al mundo a nuestro bebé con una sonrisa, lo que debe contrariar terriblemente al misógino autor de un mandamiento célebre, que ha permanecido en todas las memorias y sobre todo en las de las mujeres: "Darás a luz con dolor".

Cuando, finalmente tengas el placer de descubrir a tu pequeño nieto, él dormirá muy aseado en su envoltura plástica cerca de sus radiantes padres. Estará completamente sonrojado, arrugado, y parecerá un villano pitufo gesticulante; en fin, en breve, será el bebé más hermoso que jamás hayas visto y no es porque se trate del tuyo... De hecho, las enfermeras te confirmarán que es, por mucho, el bebé más bonito de la clínica. Esas adorables mentirosas dicen exactamente lo mismo en todas las habitaciones...

Los consejos de Mami Corazón

Los jóvenes padres y sus amigos están enloquecidos con las cámaras digitales, pero tú, aunque se burlen, saca tu vieja cámara de video y abusa de ella. Ese momento único necesita de sonido y movimiento. Cuando el bebé sea más grande, no dejará de verse y la nueva familia revivirá esos momentos con emoción y ternura.

Y para cerrar esa jornada, reúnete con el nuevo abuelo y cariñosamente vayan a festejar entre los dos, que una nueva vida como abuelo y abuela también comienza para ustedes. Lo corroborarás a lo largo de todo este libro, nunca perderé la ocasión de alentarlos a "festejar eso" con el abuelo. Nada en una vieja pareja como la llegada de un nieto para agregar temas de conversación y hacer brillar los ojos. Después, mirar depende de ti…

CLASES PREPARATORIAS NIVEL 3

Primeras veces, primeros auxilios

El periodo después del nacimiento no es el más sencillo ni para la mamá, ni para la mamá de la mamá, es decir tú, la abuela, pieza maestra para la gestión del estrés que acompaña el regreso a casa.

Pero ahí considero: ¡Atención, con absoluta finura! No es cuestión de jugar a la "señora sabelotodo", ni de burlarte frente a la inexperiencia de la joven madre fatigada y desamparada. Ofrece confianza y vigila, aunque sin resultar incómoda, debes tranquilizar a la joven madre aterrada con el primer reflujo, sugiriéndole soluciones para todas las pequeñas preocupaciones que acompañan la llegada del primer bebé. ¡Es el momento de utilizar tu experiencia, incluso si después de un tiempo, ya has perdido el toque!

Y luego, vendrá el día en el que preocupada por la desesperada cara de los jóvenes padres, les propondrás cuidar al bebé durante un fin de semana, para que ellos descansen. ¡De hecho, sobre todo quieres cuidar al niño y, sin decirlo, tomar posesión, porque después de todo, en alguna medida también es tuyo! No necesitarán que se los digas dos veces, y la perspectiva de una mañana perezosa acaba con la culpabilidad que sienten frente a la idea de separarse de la carne de su carne.

Entonces, saldrán un sábado. Abres la puerta y ahí, como para prevenirte, no vas a creer lo que verán tus ojos. En la entrada, hay:

- Una cuna plegable.
- Una maleta con la ropa.
- Una canasta llena hasta el tope con leche, agua, calienta-biberón, un monitor de bebé, peluches, etcétera.

- Una bolsa con los productos para el baño.
- Pañales.
- Una carriola.
- Un moisés, adivina con qué en el interior: el bebé.

Pero no es todo. ¡También está la lista! Generalmente, compuesta de dos páginas con una larga explicación, no solamente de las tareas que cumplir, sino también con el grado de confianza que les atribuyen los padres.

Sobre todo haz esto, sobre todo no hagas aquello, sobre todo lo ayudas a eructar, sobre todo verificas que respire normalmente, si tiene gases, sobre todo le das esto, te fijas en la temperatura del biberón, en la del baño...

'Seguramente no, par de necios, intencionalmente le quemaré la lengua y luego lo dejaré nadar completamente solo en la bañera, y si llora, lo pegaré en su moisés y cerraré la puerta para que no me molesten sus gritos, mientras veo mi programa favorito'.

Es entonces cuando con actitud certera los empujas hacia la salida, recordándoles que has educado a dos niños y que, hasta probar lo contrario, no la libraron mal. Las despedidas son dramáticas, la madre está al borde de las lágrimas y el padre no puede impedir agregar otra frazada al despedirse:

'Se lo confiamos... pero si sucede cualquier cosa, háblenos, dejaremos encendidos los dos celulares, incluso durante la noche. ¿Se ocuparán bien, no?'.

¡Anden, vamos, fuera! Apenas cierras la puerta, te precipitas hacia el bebé y ahí, finalmente tranquilos, lo contemplas en su sueño, repasando repetida e interiormente la frase que comentan todas las abuelas del mundo sobre la cuna:

¡Dios mío, qué bonito es, déjame ver, un verdadero angelito, es el vivo retrato de su madre (o de su padre) a esta edad!

Estará contigo hasta mañana y vas a disfrutar cada uno de estos maravillosos instantes, pero por ahora es necesario organizar su estancia y acomodar sus cosas. Entonces, ocurre la primera dificultad, la instalación de la cuna plegable. Cuando abres uno de los lados, el otro se bloquea y cuando lo desbloqueas, vuelve a obstruirse el primero. Le solicitas al abuelo acudir al rescate y, finalmente, coordinan los movimientos para fijar la estructura metálica, asegurándose que no corra el riesgo de cerrarse bruscamente sobre el bebé.

Los consejos de Mami Corazón

Evidentemente, instalarás la cuna en tu habitación y tendrás razón. Si bien un monitor para bebés, en el que sólo confías relativamente, te fue proporcionado por los papás, de antemano sabes que no dormirás un solo minuto si no lo tienes cerca de ti. Demasiado miedo a que suceda algo: ¡No es cualquier cosa cuidar a tu nieto la primera noche!

Si tienes perros o gatos, prevén anticipadamente que serán apartados de la habitación, debido al pelo, los celos, las garras y Dios sabe qué otro peligro. Para ser franca, en lo personal jamás he tenido el corazón de hacerle eso a mis animales, he tomado el riesgo y siento pena.

El bebé comienza a agitarse y a emitir algunos sonidos que muy pronto se transformarán en gritos. Tiene hambre, es la hora. ¡Te precipitas a la cocina y sacas del canasto la batería de utensilios indispensables para la preparación del biberón! Pero como no has revisado, no sabes regular ni el calenta-biberones, ni el chupón. Experimentas principios de pánico, mientras que nuevamente llega el abuelo al rescate, y meciéndolo, intentas tranquilizar al minúsculo hambriento, lo que tiene el don de enervarlo todavía más. Los minutos parecen durar horas, y cuando finalmente tienes a la tranquilizadora leche (a buena temperatura), y ésta corre con normalidad por la garganta del bebé, haces reverencia como después de una visita al dentista, en la que no ha extraído nada: aliviada.

Los consejos de Mami Corazón

¡Lo habrás comprendido, es una nueva experiencia! Las abuelitas tienen que comenzar realizando prácticas. Para evitar que este pánico aumente, es absolutamente importante que te familiarices a la brevedad ➡

con el material que, discúlpame por resaltarlo, ha evolucionado bastante desde tu época. Con los gritos del bebé como fondo sonoro, entérate de que incluso los nervios de acero se astillan.

Especial para el abuelo

¡Este primer fin de semana cuidando también al bebé, tampoco será fácil para ti! Los llantos del bebé, el temor de la abuela, el perro desconcertado, la comida, "no te queda más que pedir una pizza, no tengo tiempo", el volumen de la televisión prácticamente inaudible para no despertar al pequeño, el cigarro excluido, la casa al revés y una noche que se anuncia difícil: ¡Todo ello para obtener un vago gesto que tomarás como sonrisa cuando hagas "agugu-tata" sobre su cuna!

¿Tenías a tus bebés acostados mientras tomaban el biberón?

Se acabó: hace falta incorporarlos.

¿Estabas tentada, costara lo que costara, a lograr que se lo terminaran?

Se acabó: no es necesario forzarlos.

¿Los cambiabas desde antes para no tener que moverlos después?

Se acabó: sus padres te dijeron después.

Está la ceremonia del eructo, que no ha cambiado y es mucho mejor, ya que es un instante, a veces largo, pero delicioso. ¡Desde su pequeño cuerpo que satisface su apetito contra el tuyo, la fragilidad de su cabeza que sostienes delicadamente, los minúsculos golpecillos en su espalda, las tiernas palabras que murmuras en su oído y la infinita delicadeza en este niño de porcelana, hasta ese gran eructo, desproporcionado y casi vulgar, que te arranca de tu sueño!

Si este bebé es como la gran mayoría, posiblemente padezca del reflujo gastroesofágico (RGE). Entonces 15 minutos antes de la hora del biberón, le hubieras administrado una pipeta de Motilium. Pero como lo habrás olvidado una de cada dos veces, te hará falta reprogramar el contador a cero y en la misma medida retardar la alimentación, con redoblados gritos de apoyo. En un momento así, el estrés fácilmente alcanza 8 en la escala de Richter.

Siguiente etapa: el baño, que tampoco es una ganga cuando hemos perdido la práctica. La lista de chequeo es indispensable porque una vez lanzada la operación, imposible regresar y dejar al bebé para ir a buscar lo que falta:

- Termómetro de baño.
- Esponja y loción de baño.
- Toallas húmedas.
- Crema para las pompas.
- Crema para el rostro,
- Crema corporal (si tiene la piel seca).
- Suero fisiológico.
- Hisopos de algodón.
- Pañal.
- Cepillo para el cabello.

Pero vaya, como quiera se te olvidó el suero fisiológico al fondo de la bolsa, y el abuelo salió a caminar con el perro para fumar. Entonces, justo escapas del acuartelamiento, sosteniendo al bebé con el brazo izquierdo, procurando alcanzar el asa de la bolsa con el pie derecho, a fin de jalarlo hacia ti. Es en momentos como este, que nos felicitamos por no haber abandonado los cursos de estiramiento.

No quiero arriesgarme a desmotivarte, advirtiéndote de antemano las bocanadas de angustia, tensión e inimaginable fatiga, generada por ese primer fin de semana de la abuela como niñera. Únicamente, debes saber que será duro, muy duro, incluso cuando todo ocurre normalmente: ¡sólo faltaría que tuvieras una fiebre, diarrea o vómito! Por el contrario, lo que puedo prometerte, es que a pesar de todo el amor que le tienes, una vez que sus padres lo hayan recogido con todo el material que lo acompaña, y te deslices, demacrada, en una bañera perfumada con lavanda y saboreando un Martini Gin, experimentarás un increíble sentimiento de ligereza. Incluso, tal vez consideres que la naturaleza está bien hecha y que no es sin razón que las mujeres ya no tienen bebés después de los 50 años de edad.

Los consejos de Mami Corazón

Si tienes la menor duda, la menor inquietud (sí lo sé, eso te molesta), habla con los papás. No te perdonarían el mínimo incidente. ¡De todas formas, si no les llamas, se inquietarán y serán ellos quienes lo hagan, casi sospechando que algo les estás escondiendo!

¡Un personaje en el jardín, en el mar, en la piscina y en el corazón!

APERTURA

Luego de su nacimiento, tienes la sensación de que este pequeño, que es un poco tuyo, crece bajo supervisión. ¡No es fácil aproximarse a él cuando su padre o su madre se encuentran en los alrededores! Y luego, viene la bendita época de las vacaciones.

Sea que resulten cortas o largas, lo tendrás para ti, y ¡uf!... sin los papás. Estos momentos serán intensos en descubrimientos y complicidad. Incluso pretendemos que serán ideales para fabricar maravillosos recuerdos de su infancia y llenar a sus abuelos, completamente agotados pero felices. ¡Vivan las vacaciones!

LAS VACACIONES DEL
MENOR NO ACOMPAÑADO

Frente a la puerta del garaje, los padres están llorosos, el pequeño tiene el mentón temblando y tú, tú no dejas de comentar secamente, que confiar al pequeño con sus abuelos durante 15 días de vacaciones, no se trata de una tragedia. El automóvil está colmado de todos sus juguetes más cercanos (peluches, lápices de colores, DVD, Playmobil, Barbie, etc.). En la nevera hay agua, los chocolates que adora, sándwiches con queso suave, sus galletas preferidas, yoghurt libre de grumos y, en caso de no ser suficiente, se ha previsto tener jamón, muslos de pollo y puré de papa, para solucionar el problema.

El gran día para salir de vacaciones ha llegado, el mismo que tanto esperabas, ya que finalmente durante dos largas y hermosas semanas, tendrás al pequeño para ti y sólo para ti. Has preparado las cosas en grande para la ocasión, y como ciertos abuelos, que cuentan con un buen retiro, han decidido ofrecerse la locación de una casa con piscina, "porque el pequeño la adorará". Y no te disgusta mostrarles a sus papás que, a pesar de sus grandes aires de "hacer todo mejor que los demás", aún no disponen de los medios para ofrecerle una a su pequeño.

El viaje

Vaya que es largo el camino que lleva hasta el paraíso vacacional, cuando sobre el asiento trasero, un niño tiene sed, hambre, no le gustan sus DVD, no sabe qué dibujar, se aburre, quiere saber cuándo regresaremos una hora después de haber partido, pregunta por su mamá, la extraña, tiene ganas de hacer pipí, luego caca, ¡pero nunca tiene sueño!

Los consejos de Mami Corazón

Sobre todo no te enojes: no hay más que los padres, con el derecho para criar a los hijos. Benevolencia y paciencia deberán convertirse en tu segunda naturaleza. El pequeño o la pequeña tiene la necesidad de conformar su relación contigo, fundada desde un principio, en el dominio del más débil sobre el más fuerte: ¡Abuela y abuelo, ustedes son sustitutos, sépanlo! Entonces, cuando te parece que ha agotado todos tus recursos, y sientes cómo llega la tortícolis de tanto voltear, pero logrando mantener la calma, detente por un aire de descanso. Realiza una pequeña caminata de la mano, improvisa un pequeño y agradable picnic y recolecta algunas flores para ofrecerlas a mamá cuando regrese, vuelve a subir al coche alegremente y de buen humor. En principio debería dormirse. Si no, aférrate. Tu destino, después de todo, no queda tan lejos.

DETERMINANTE: EL PRIMER DÍA DE VACACIONES

Pero con el primer día, llega la primera noche; misma que pasarás en una casa desconocida, con un pequeño que, excepto por su peluche, no cuenta con ninguna de sus referencias, y entonces con la llegada de la noche, percibes cómo aumenta la ansiedad. Tú eres su único refugio. ¿Qué vas a hacer?

Los consejos de Mami Corazón

Sobre todo, no hace falta traumatizar al pequeño durante su primera noche. Más que colocarlo en la cama y solo en su habitación, para des-

➡ pués escuchar que te llama, luego que llora y grita ¡anticípate! Lo sé, no es un buen consejo, pero llévalo a tu cama sin esperar las primeras señales de angustia. Explícale que esta primera noche ya estaban muy cansados para instalar su habitación, pero que juntos lo harán por la mañana. Entonces, pídele como favor, si excepcionalmente aceptaría dormir entre ustedes dos, incluso si el abuelo ronca un poco. No tendrás que decírselo dos veces, el gran señor, concederá hacer el esfuerzo... Mañana, después de un primer día en la piscina, existe una gran probabilidad de que no solicite nada al momento de dormir, y no tendrás mas que llevarlo, ya dormido, a su cama.

Inventé la poción mágica de las noches de insomnio para ser elaborada en secreto: haz una pequeña bola con migajas de pan, que rodarás sobre chocolate en polvo. Ofrécesela para comer, y de la manera más seria del mundo, coméntale que se trata de la pastilla mágica para lograr que los niños tengan bonitos sueños; ¡El efecto placebo no es una ilusión, ya verás!

Entonces comienzan las vacaciones

Las suyas, no las tuyas, ya que desde el momento en que abra sus hermosos ojos, hasta aquel en que los vuelva a cerrar, entérate de que no tendrás un segundo de respiro.

Así lo quisiste, así lo tuviste, y descansarás después, es decir, durante los largos once meses y medio que te esperan regresando de las vacaciones. Dado que tuviste la oportunidad de poder rentar la casa con piscina, créemelo, ¡la amortizarás! Para él no contará más que eso, hasta el último minuto de la estancia. Dicho lo anterior, cualquier otro destino acuático (mar, lago, río) tendrá el mismo atractivo: la alegría de un niño brincando en el agua, una, dos o 1498 veces al día, e incluso de noche, si cuentan con el permiso.

Por el contrario, ustedes los abuelos permanecerán orientados hacia la piscina, con los ojos fijos en el pequeño hasta pasar inadvertidos, rogando en cada clavado que no se resbale, que no se descalabre con la orilla, que no corra el riesgo de hipotermia, que no resulte aspirado por las coladeras, etc. Después de vigorosas protestas, terminará por aceptar utilizar el equipo salvavidas que le proporciones, y que garantiza la flotación de un portaaviones: brazales, boya y traje de baño con flotadores incorporados.

Los consejos de Mami Corazón

El traje de baño con flotadores, particularmente nada estético, es por tanto, la única protección para recordar. Las boyas de pato, cocodrilo, Flipper el delfín u otros, no representan más que juguetes de apoyo, que sobre todo, no se deben tomar como garantía de su seguridad.
Desconfía de la otitis. Es frecuente que los niños la sufran en las piscinas; limpia bien sus orejas todas las noches, para que el agua no se estanque. ¡En cuanto a la protección solar acuática, es obligatoria y varias veces al día en caso de mucho sol!

EN LA PLAYA

Si sus vacaciones se realizan a la orilla del mar, entonces, abuelos, ¡comiencen su entrenamiento como sherpas desde el mes de marzo! Las cubetas, las palas, los rastrillos, la bolsa de conchitas, el parasol, las toallas, los trajes de baño de remplazo, los protectores solares, los alimentos y las bebidas, no constituyen más que una pequeña parte de la lista de indispensables a transportar cuatro veces diarias, para bajar, subir, volver a bajar y regresar de la playa. Es una dura prueba, sobre todo si para tener un poco de tranquilidad, han elegido el punto más alejado.

Una vez instalados –eviten por favor transformar su parasol en tendedero para secar la ropa, se ve feo– entonces, alternativamente olviden de inmediato los baños de sol con los ojos cerrados y una tonta sonrisa. A un niño, sobre todo cuando se trata del tuyo, nunca se le deja de ver ni una milésima de segundo, ya sea en el agua o en la arena.

Los consejos de Mami Corazón

Si la playa se encuentra repleta, aunque refunfuñe, cómprale una gorra de algún color vivo. Eso te ayudará a localizarlo, pero si sucede (y eso se producirá por lo menos una vez) que lo pierdes de vista, no te permitas entrar en pánico. Muerde los labios y búscalo tranquilamente, sí lo sé, es fácil de decir, pero el miedo obstaculizará la agudeza de tu visión. ¡Una vez recuperada la niña de tus ojos, sobre todo no le des nalgadas! Considera que no lo ha hecho ni por maldad, ni por malicia. ¡Estaba jugando, es todo! ¡A ustedes les corresponde vigilar, no al niño!

EN LA CAMPIÑA

No intentes recuperar con tu nieto los recuerdos que conservas de las vacaciones en casa de tus abuelos. En la campiña, ya no existen los mismos olores, ni los mismos ruidos, ni las mismas costumbres. Inútil preparar las deliciosas empanadas de mermelada o miel para degustar: el envase gigante de Nutella^{MR} es un producto de primera necesidad entre los dos y 22 años de edad. Tampoco esperes hacerle un manojo de hierbas como aquel que tanto adorabas, y que aún debe encontrarse en alguna vieja maleta.

Por el contrario, un lector DVD o un PlayStation^{MR} conectado al viejo televisor del salón, será de gran ayuda, ¡excepto si es blanco y negro! La organización de cacerías del tesoro conserva su valor seguro, que incluso podrá, de resultar aptos, serles solicitada todos los días... ¡pero hará falta poner de su parte: inventar preguntas, ir a esconderlo temprano durante la mañana, cuando todos estén dormidos, acompañar al pequeño que parte a todo galope en todos sentidos, y finalmente, escuchar unas y otras peripecias, pensando siempre en la siguiente carrera el día de mañana!

Los consejos de Mami Corazón

Te diré una cosa que te inquietará: a menos que no sean los abuelos de algún futuro virtuoso que ocupe los días con su violín, o de alguna brillante matemática en desarrollo que cuente, sume y multiplique todo lo que se le atraviesa, no te pelees con la televisión. Es una batalla de antemano perdida. Sin ésta, los niños ya no pueden vivir más. Prohibírsela o impedirles ver los programas a los que están acostumbrados en casa de sus padres, que lejos de estar locos han renunciado desde hace mucho tiempo, arruinará tus vacaciones, las de ellos, y creará una permanente situación conflictiva. No es el objetivo de estas vacaciones. Lo ideal es fijar reglas. De acuerdo con el programa favorito, pero en pijama, después de bañarse en la noche y esperando la cena. También de acuerdo, desde luego, si durante el periodo vacacional, existen ganas de estar todos juntos frente al televisor viendo un programa "familiar". En cuanto al PlaySta-tion^{MR}, es una vez al día y más que cargar con la pesada responsabilidad de obligarlo a detenerse, compra un reloj con alarma que sonará al cabo de sesenta minutos y será el único objeto de su resentimiento.

¡QUIERO A MI MAMÁ!

Por muy tiernos y dulces que puedan resultar con su nieto, esperen escuchar eso alguna bonita mañana o, más probablemente, alguna noche a la hora de los apapachos. No se pongan serios: no es que se encuentre mal con ustedes, pero su mamá le resulta tan necesaria como el aire que respira. Igualmente su papá, pero siempre es mamá la que se pronuncia primero.

Si quieres (y sí lo quieres) que esta separación ocurra lo mejor posible, es necesario que sepa que puede reunirse con sus papás cuando él lo desee. Hablará 10 veces al día empezando las vacaciones, luego mágicamente, las llamadas se espaciarán, sobre todo, si hace nuevos amigos y amigas.

LA COMIDA

Vas a vértelas difícil, dado que para los abuelos la alimentación de un pequeño es una obsesión. Nada es más bueno para él: el hígado de ternera, el pescado, los pequeños chícharos verdes sin fibrillas, y mientras te lo confían, ocasionalmente en el curso del año, puede gozar estos platillos que tú y tu cartera consideran como el non plus ultra, pero que él mastica con desgano. En vacaciones, es necesario alimentarlo tres veces al día, y no es un asunto ligero, dado que nada le agrada tanto como las pastas con cátsup, el pollo frito, y la Nutella^MR untada en pan. Sin querer forzarlo a comer espinacas o legumbres, por lo menos intentarás, te conozco, variar los alimentos para enseñarle a comer de todo... incluso te arriesgas a llevar a cabo el desafío de tus vacaciones, triunfando de antemano cuando sus papás sepan desconcertados que él adora las almejas marinadas.

Pobres de ustedes: ¡Olvídenlo de inmediato, soñadores impenitentes! En esta etapa estoy obligada a decírselo, los comedores escolares son los mejor habilitados para variar las comidas y, en general, ahí es donde los infantes aprenden a adorar las calabazas y el pescado (empanizado). ¡Sí, lo sé, incomoda escucharlo, pero es la vida de los abuelos de hoy! Consuélate pensando que esos comedores trabajan con nutriólogos, cuyos menús están perfectamente equilibrados, con servicios sanitarios extremadamente vigilados, y durante la comida, los chicos se divierten entre ellos.

Los consejos de Mami Corazón

Si verdaderamente estás determinado a aprovechar tus vacaciones, para hacerlo comer distintos platillos, haz lo impensable: el concurso del "gran cochino", que consiste en determinar quién, entre él y ustedes, sus respetables abuelos, comen de la manera más sucia. Lo va a adorar. Los papás a su regreso, bastante menos, pero después de todo, cada quien se desenvuelve como puede. Te garantizo resultados espectaculares.

Este concurso debes hacerlo obligatoriamente en el exterior, sobre un mantel de plástico, con la vajilla irrompible o platos desechables, y una manguera de riego cercana. ¡Los daños pueden ser considerables!

LOS JUEGOS DE SALÓN

En vacaciones, los juegos de mesa no tienen igual, matando el tiempo durante la época de lluvias. Existe un juego que se adapta para cada edad, pero debes esperar a que por lo menos cumpla 12 años, para dejar de contar las moscas en el techo y no dormirte, esperando el fin de la partida. La etapa Monopolio^MR o Clue^MR es la peor, incluso cuando se ha modernizado la fórmula. Si permites que la consola de videojuegos te atrape, entérate de que corres el riesgo de adorarla, y entonces mucho peor para ti, ya que existe amenaza de adicción... ¿aunque ustedes son adultos responsables, no es cierto?

También sería conveniente que aceptaras la idea de que las generaciones actuales están infinitamente más evolucionadas que las precedentes, a falta de o gracias a la televisión y a los modelos educativos. Los juegos de mesa y el dominó no tienen ninguna oportunidad de divertirlos. ¡Por otro lado, el póker, sí! Pronto tu casa de vacaciones será un anexo de Las Vegas, pero vaya que el pequeño estará contento.

LOS JUEGOS AL AIRE LIBRE

De acuerdo con su edad, será necesario que adaptes los juegos al aire libre, no en función de tus gustos, sino evidentemente de los suyos. Si tienes un nieto, hay fuertes posibilidades para que el futbol sea materia obligatoria. De ahí, el interés por conservar una buena condición física, ya que deberás patear el balón hasta el cansancio (el suyo, no el tuyo); ¡valga entonces para decirte que puede durar mucho tiempo!

Si bien existe una tendencia en las niñas a favor del fútbol, en principio, resultará más bien el juego del resorte o el avión, que también es agotador. El golf en miniatura y el ping-pong permanecen como grandes clásicos de los cuales no te escaparás. En cuanto a la patineta o a los patines, un consejo: evítalo. ¡No quisiera ser alarmista, pero una fractura en el cuello del fémur ocurre rápidamente!

Los consejos de Mami Corazón

Para los juegos de mesa al interior o al exterior, es absolutamente necesario que invites al amigo o amiga del lugar, si quieres asegurarte de que pasará unas vacaciones "súper geniales", y que su primer pensamiento por la mañana, después del abuelo y la abuela, sea reunirse con ese niño o niña, para continuar el juego que habían inventado anoche.

Entonces, no dudes en abordar a los padres o abuelos tan consternados como tú, observando a su pequeño ir solo con su cubeta y su pala, o arrastrándose 10 metros detrás de ellas. Salvo algunas raras excepciones, los niños no van los unos con los otros: está en ti tener la iniciativa. No hay vergüenza alguna en procurarse un bien, y tú verás lo feliz que te sentirás escuchándolo reír a carcajadas, murmurando secretos o contándote "lo bien que estuvo el día de hoy, no lo pueden imaginar, abuela y abuelo".

Lo contrario a esta decoración idílica, es que debas prevenir encontrarte con dos pequeños para vigilar, alimentar y acostar, en lugar de uno. Muy pronto, los amigos se volverán inseparables y querrán hacer todo juntos, una vez en casa de uno y luego en casa del otro. Acéptalo de buen corazón y no te ofendas diciendo que no queda nada que hacer con ustedes, desde el momento que se divierte con su amigo. Lo esencial es que él pase unas buenas vacaciones, ¿no?

EL FINAL DEL VERANO

Por lo general, el regreso de las vacaciones no será más fácil que la partida. Una vez pasado el dolor de la separación con el amigo(a), la última caricia al gato de los vecinos y el último chapuzón, la emoción de volver a ver a papá y mamá, será suficiente. ¡Y qué iniciativa! El adorable pequeño se transforma en una odiosa pila eléctrica. No más hambre, ni sed, ni pipí, ni nada de nada. Lo único que desea cada tres o cinco minutos, es saber en cuánto tiempo llegan.

Es claro que ello te excederá. Ya de por sí, estando al borde de los nervios, tras haber cerrado la casa, entregado las llaves, verificado si no se olvida nada, amontonado todo en la cajuela, ahora tienes, además, la desagradable impresión de que este niño, adorado y consentido durante dos semanas, tiene una sola prisa: encontrarse con sus papás sin mayor consideración ni reconocimiento por ustedes.

Los consejos de Mami Corazón

Mantente relajado(a) y no lo vayas a arruinar justo ahora, luego de haber conservado la calma contra viento y marea durante todas las vacaciones. Ningún regaño, gestos, suspiros excedidos que pueden ser manifestación de tu rencor: porque eso será lo único que el niño recuerde apenas salga del automóvil, y los denunciará con sus padres como torturadores. Mastica chicle, eso te calmará y piensa en el pequeño descanso que tendrás esta noche frente a frente con el abuelo, sin tener que decir y repetir: "enderézate, baja los codos, termina tu platillo, te lavaste las manos, no te puedes parar de la mesa hasta que no hayas comido tu postre, sí, es una promesa, mañana iremos a la fiesta, no, no podemos nadar esta noche", etc. ¡Si lo piensas, el fin de las vacaciones también tiene sus ventajas!

Inevitablemente, mientras observas a tu nieto tan hermoso, crecido y completamente bronceado, escapar de ti para lanzarse a los brazos de sus padres, apenas volteando para despedirse y dándote un beso desganado: eso te va a doler. Entonces, entre pequeñas lágrimas y piquetes al corazón, consuélate, ya que estas dos semanas han sellado las piedras de un edificio inquebrantable: aquel de los recuerdos de las vacaciones con sus abuelos. Eso jamás se olvida y ofrece calidez toda la vida.

LAS VACACIONES DE INVIERNO

Si me han faltado tantas páginas para evocar las primeras vacaciones de verano y abordar los principales eventos escolares, me hará falta mucho menos para escribir sobre las "primeras vacaciones de invierno", primero porque, en general, duran menos tiempo, y segundo porque en ese paisaje nevado y generalmente tranquilizador, vas a vivir una toma de conciencia.

Como todos los abuelos que tienen la posibilidad, mientras que los padres no, propondrán llevar a la montaña al pequeño o a la pequeña, convencidos de que el buen aire de las cimas y, sobre todo, los antibióticos que le acompañan, terminarán finalmente con sus recurrentes otitis, anginas y bronquitis. No estarás equivocado, generalmente funciona muy bien. Pero, ¿saben bien a lo que se comprometen, ustedes que todavía el año pasado descendían a toda velocidad las pistas desde las nueve de la mañana, desayunando libres y bronceados en los restaurantes de la montaña, para luego ofrecerse estofado una noche, tartaleta la otra, y regresar galvanizados tras ocho días de "deporte y relajamiento"?

Con un pequeño de tres, cuatro o incluso cinco años (en general, después están las clases en la nieve o los padres), ingresarás a un vórtice diabólico al ritmo de la cremallera de su traje, estarás ocupado bajándola por temor a que tenga mucho calor, subiéndola por miedo a que tenga mucho frío, y volviendo a quitarla porque ahora tiene ganas de hacer pipí, y así entre 30 y 50 veces al día. Pero el asunto de la cremallera no es nada, también está la emoción del niño, sobredinamizada por la altitud, su fatiga, su desayuno, su comida, sus siestas, sus lecciones de esquí, el trineo, las crepas de chocolate que durante el refrigerio escurren sobre su traje, su baño, los dibujos animados frente a los que invariablemente se duerme antes de la cena, y ustedes, aturdidos, que de un sábado a mediodía al siguiente, no se habrán bronceado ni habrán esquiado y sin duda tampoco, respirado.

Los consejos de Mami Corazón

A menos que tengas un temple de héroe, espera tranquilamente a que tu pequeño haya soplado la sexta velita de su pastel, antes de vivir esa experiencia en la nieve: a esa edad, por lo menos sabrá colocarse y quitarse el traje.

LAS VACACIONES DE INVIERNO **37**

De lo contrario:

- Exige (o compra) un atuendo en dos partes: pantalón y chamarra, mucho más fácil para adaptarse a los cambios de temperatura que los "trajes de una sola pieza".
- El esquí es como la natación: si consideras que existe una aprehensión, no insistas. Eso puede suceder a los tres o cuatro años de edad, y todo se corregirá más tarde, generalmente con el abuelo.
- Una vez que llegues a la estación, consigue los datos de un pediatra. Es una medida elemental de seguridad en caso de... ¡pero no hablemos de malos momentos!

Un soberbio papel apapacha-pedagógico

APERTURA

No hay nada mejor que los abuelos para crear referencias, enseñar cosas y fabricar recuerdos con los pequeños. ¡Justo hoy conviene volver a revisar un poco la manera de relacionar estos puntos para no parecer viejos habladores!

LAS REFERENCIAS

Ya te lo he dicho, pero lo repetiré, al menos para tener la certeza de que lo memorices para siempre: no estás ahí para "educar" a tu nieta o a tu nieto. Esa tarea incumbe a sus padres y como ya pasaste por ahí, se trata de un trabajo de tiempo completo, agotador e ingrato, donde en principio, no recolectamos los frutos sino ¡varios años más tarde! El papel que te corresponde es bastante más sutil y gratificante, dado que consiste en vigilar su curiosidad sin pasar por un vejestorio, enseñarle lo que sabes, abrirle los ojos al mundo, despertar su sentido musical, dibujar, en fin, todo lo que consideras esencial para el desarrollo de su espíritu y su sensibilidad.

Claro que cada quien tiene sus medios y límites. No todo el mundo resultó el primero en el concurso general, y como dicen: "lo importante es participar".

Los niños necesitan referencias, eso ya lo sabes. Pero lo que probablemente vas a descubrir, es que no existen mejores observadores que ellos, y esas referencias pueden ser desconcertantes. Así que, abuela, siempre ataviada y elegante, ten cuidado del día en que vayas a salir sin maquillaje. Recibirás observaciones del tipo "¿por qué no te has puesto el labial rojo hoy?" Y tú, abuelo, el día que estrenes un par nuevo de anteojos, ten la seguridad de que te estará observando hasta arrancártelos para examinarlos como curiosidades incongruentes, diciendo que "se te ve muy rara la cabeza y que antes le gustabas más".

41

Muy importante también es el perfume. El de la abuela en particular, ya que los abuelos ocupan menos. Considera que ese aroma se inscribirá para siempre en su memoria olfativa. Si es un niño, incluso sucederá que algún día le diga a una mujer que huele como su abuelita, lo que por error, no forzosamente tomará como un cumplido, no obstante que se trate de la más hermosa e intensa declaración de amor.

En el capítulo de las referencias, también habrá aquella de las mañanas donde pequeño y orgulloso como Artabán, partirá con su abuelo para uno de esos inolvidables paseos de dos, entre hombres, por tierra, mar, pueblo, de la mano, contando graciosas bromas y concursando a ver quién hace pipí más lejos. La hija pequeña tendrá complicidades más románticas, aunque también más tiránicas, con su adorado abuelito que babea de admiración frente a ella.

Y la más profunda de todas, la referencia innegable: el sabor de los huevos a la nieve "de mi abuela". Cito los huevos a la nieve, pero podría ser cualquier otro platillo, desde el momento en que un determinado postre ha marcado su infancia con un sello indeleble. Jamás, me oyes, jamás comerá tan buenos ayeres, por lo que resultará inútil para sus futuros amores intentar rivalizar.

Los consejos de Mami Corazón

Familiarízate de inmediato con los huevos a la nieve (échale un ojo a la p. 137)... ¡Y si lo decoras con fresas, corres hacia el triunfo!

EL GUSTO

(Páginas reservadas a la abuela, salvo que el abuelo sea un destacado chef).

Mujeres, a sus hornos, ¡la guerra está declarada!
Una guerra sin piedad, en el curso de la cual deberán enfrentarse el "espagueti-cátsup contra el estofado primavera": enemigos irreductibles después de dos generaciones. Y no hablo de McDonalds, que constituye para los miles de millones de niños en el planeta, lo mejor de la gastronomía mundial. No hay como las abuelas para enseñarle a un pequeño,

Que la comida no se limita a un plato frente al televisor con un pedazo descongelado de pizza, salchichas frías sumergidas en mayonesa o el famoso espagueti-cátsup, acompañados para equilibrar, de una rebanada de jamón y de una hoja de lechuga rehidratada.

Sin duda, en alguna parte fracasamos para que el mensaje hubiese llegado tan mal a nuestras hijas y a nosotros, a menos que las agencias de publicidad hayan tenido tanto éxito con sus mensajes en favor de la comida chatarra, que han logrado ser capaces de asfixiar en la cazuela de la infancia, los buenos olores de algún estofado a fuego lento o de un verdadero guisado frito, pelado, cortado y cocido en casa.

Sin embargo, ocurre que en los hogares jóvenes, el horno de microondas resulta mucho más útil que la estufa que ofreciste cuando se instalaron, y en la alacena nos arriesgamos a no encontrar azafrán o cardamomo; el refrigerador, por el contrario, está lleno de congelados y helado con nuez. Hubo oficio, como dicen, y deberás ser astuta para asegurar la educación gustativa del pequeño, sin pasar como una obsesiva de la comida a los ojos de sus padres.

Metodología anticomida chatarra

* Coman sentados en la mesa y saboreen alegremente. Por piedad, en la mesa, promuévele la paz con la escuela.
* Banaliza cualquier rito o mirada angustiante, ante la idea de que no pudiese terminar el platillo, eso no es esencial.
* No busques complicaciones: no se trata de que lo hagas adorar las alubias o la cabeza de ternera. La idea es solo enseñarle a apreciar un verdadero guiso casero, y de ampliar el espectro de sus percepciones gustativas. Macarrones gratinados a la bechamel (¡Suavemente sazonados con nuez moscada!) y con jamón es un excelente principio, de igual forma que una graciosa decoración con pequeños ejotes plantados como un bosque en el puré, etc. Sé creativa y divertida para que la comida sea una fuente de sorpresas, risas y manjares. Forzosamente terminará por tener preferencias y el día que reclame "su plato", ¡apuesto a que te caerás de la silla!

Los consejos de Mami Corazón

En lo personal, he invertido mucho para lograrlo, y créeme que partía de muy lejos, con una hija que jamás ha elaborado un platillo en 35 años y un marido que constituye uno de esos raros especímenes vegetarianos-kosher. A manera de estímulo, debo precisar que necesité esperar diez años para saborear mi triunfo, hasta que Max me hizo la lista de todo lo que deseaba comer durante sus vacaciones de Semana Santa en la casa. Sin duda, es la gratificante consecuencia del hecho de que jamás lo haya forzado, aunque siempre lo incité a probar, evitando agredir sus jóvenes papilas con gustos prematuros (por ejemplo: mantarraya a las alcaparras o pollo relleno), dibujando sus iniciales en el plato con mis bastones de zanahoria, con las frutas formando bonitas ensaladas, cubiertas con una bola de helado. Y preparándole también, de vez en cuando, ¡una verdadera hamburguesa McCasa, como decimos aquí!

ALGUNOS BUENOS MODALES

Hoy día, basta con pronunciar "buenos modales", para encarnar la conducta poco agraciada de un australopiteco. Efectivamente, creo poder afirmar que la expresión ya no pertenece al vocabulario corriente y que ha sido relegada a un lejano pasado, cuando las pequeñas niñas hacían una reverencia, mientras que los niños se quitaban el sombrero para decir hola, adiós y gracias. ¡Sí, precisamente eso, estábamos en la edad de piedra, o de bronce, ya no recuerdo con exactitud!

Entonces vas a enfocarte a la enseñanza amable de ciertos valores condenados a la extinción, y que sólo ustedes, los abuelos, están en posibilidad de trasmitir, dado que los conocieron en vivo. Estos valores constituyen las reglas de vida en familia o en sociedad que resulta esencial preservar, salvo que evidentemente las siguientes generaciones estén destinadas a tener únicamente la pantalla de una computadora como interlocutor, deglutiendo su vida en la nada del mundo virtual. Pero nosotros no estamos allá, en fin, ¡no de inmediato!

Para el primero de los buenos modales, escogí el peor de los peores a enseñar –de hecho, nos preguntamos por qué insistimos tanto, mientras que la humanidad se encamina a alimentarse frente al televisor, exclusivamente de comida rápida, en envases de cartón reciclable–, puedo hablar de la buena postura en la mesa o más comúnmente: "por favor, siéntate bien o me voy a enojar".

Es importante decir en defensa del niño, que sus padres, a los que nosotros hemos embriagado con esta misma frase y que por lo menos se titularon en Ciencias Políticas, no tienen ninguna autoridad en este plano. Incluso diría que no les interesa en lo absoluto, porque ellos mismos son los reyes del plato frente al televisor, nacieron al mismo tiempo que las pizzas entregadas a domicilio, y cuando comer en la mesa fue considerado como una pérdida de tiempo, excepto en casa de los amigos o los padres.

Es así que luego de haber pasado la mañana cocinando y decorando la mesa con margaritas frescas recogidas en el jardín, mientras finalmente reúnes a tu pequeña familia alrededor de la mesa, sucede lo siguiente:

- El niño está sentado en una sola pompa y enfurruñado, dado que exigiste apagar la tele.
- Dice "no tengo hambre", porque se ha comido tres cuartos de paquete de frituras y bebido tres vasos de refresco.
- Tiene los codos tan pegados a la mesa, que incluso Superman, su héroe del momento, no podría despegarlos.
- No le gusta el pollo. No le gustan los ejotes. No le gusta cuando está caliente. Desearía papas fritas. Desearía pararse de la mesa. Tienta y mastica con desgano. No come nada. Están desesperados. Los padres, hartos, le dicen que vaya a ver la televisión. Reprimes un grito de indignación.
- Traes el postre: una sublime tarta de peras, tu especialidad. Le pides al pequeño regresar a la mesa para comer el buen pastel de la abuela. Tampoco le gusta. Él quiere un helado en un barquillo con chocolate en la punta. No tienes. Estás a punto de ponerte a aullar en el fondo del jardín, al borde del bosque.

Como lo puedes constatar, de aceptar tu misión, ¡va a ser ruda! El objetivo es familiarizar a tu pequeño con ese gracioso mueble, que consiste en una tabla rodeada de sillas, sentándose cómodamente sobre sus dos pompas, enseñarle a comer con verdaderos cubiertos más que con los dedos, a no engullir la comida mientras que por azar le guste, a estar derecho, a no subir los codos, a no revolcarse en su plato, sino más bien subir el tenedor hasta la boca para tragar el bocado, a pedir permiso para pararse de la mesa y –aunque esto es opcional– a no dejar nada en el plato, sin repetirle en cada ocasión "es porque debes pensar en los pequeños niños pobres que no tienen nada que comer": si este argumento no funciona con los adultos, entonces qué te hace pensar que con los niños sí.

Los consejos de Mami Corazón

No cedas, incluso cuando levante la mirada al cielo o comience a lloriquear. Piensa en él dentro de 20 años y en la reputación de la familia, al invitar a una chica bien educada a un restaurante y comportarse como puerco. Incluso evocamos el caso inverso, es decir, la suprema vergüenza de tu pequeña al comportarse como cochina, frente a un príncipe de sangre (ya que es lo mínimo que podrías esperar para esta absoluta maravilla...). "Paciencia y un buen rato, logran más que fuerza e ira",[1] además que enervarte a fuerza de estar repitiendo "compórtate bien" tendrá el peor efecto para tus chakras.

Tengo un truco: los puntos buenos, sí, como aquellos de tu infancia, para otorgar en caso de una comida sin faltas. Cada 10 puntos buenos hay una recompensa. Créemelo, funciona de maravilla.

El segundo de los buenos modales se llama "cortesía" y me parece, dirás si me equivoco, que ahí los padres le dan todavía una menor importancia que tú, salvo por los insustituibles gracias, buenos días, por favor y adiós. No ven ni escuchan a su pequeño tesoro subiéndose con los zapatos sucios al sillón, gritar para tener aún más galletas, jalarle el pelo al perro, meterse los dedos a la nariz, murmurar groserías, levantar los hombros cuando les hablamos, decir a la señora que es una "bola de caca", en fin, brevemente, todos esos comportamientos de niño maleducado que los mayores detestan.

Ah no, tu nieto no será así, y ya te arremangas la camisa para ponerte a trabajar. ¿Pero cómo decírselo sin mayor pena? No lograrás educar a un niño modelo y es mejor, ya que no existe nada más antipático que los pequeños simios sabios y mañosos, demasiado pulidos para ser honestos, y que terminamos por tener ganas de abofetear. Si en realidad quieres

---

[1]Jean de la Fontaine, nacido en Château-Thierry, mi ciudad favorita en el mundo entero.

perfeccionar su educación, haz un intento explicándole tranquilamente que no hacemos esto o aquello, con sus amigos o delante de los adultos. Salvo en caso de una descortesía intolerable, considera sus excesos como los de una persona que necesita orientación, pero no lo reprimas ni sermonees constantemente. Lo esencial no es que le caiga mal a tus vecinos, sino que su florecimiento experimente los comportamientos sociales que tienen solo un verdadero límite: el respeto a los demás.

Más que agobiarlo con explicaciones, considera que tu buen ejemplo influirá en su comportamiento. Ustedes mismos sean "bien educados" con él y con los demás, atentos, tranquilos, creen una atmósfera armoniosa y segura, y verán a su pequeño buen hombre o a su pequeña damita suavizar su comportamiento y suavizar, con su contacto, las asperezas de su joven personalidad.

Los consejos de Mami Corazón

Nunca se pondera lo suficiente la virtud de las historias. Si, por ejemplo, en lugar de apartarlo para regañarlo porque francamente ha sido odioso, esperas a que se queden solos para contarle una historia, donde el personaje se comporta como él, evitando exagerar el rasgo, tendrás mucho mayor impacto y la lección dará sus frutos.

ALGUNOS VALORES

Una cierta idea de su familia

A fuerza de querer "estar en el juego", los abuelos de hoy ya no cumplen la misión de trasmisores que, sin embargo, sólo ellos pueden garantizar. De esta forma, encontramos pequeños de siete u ocho años que jamás han visto su árbol genealógico, ignorando la existencia de sus tatarabuelos, sin saber dónde está situado su país natal en el planisferio, ni su ciudad en el mapa del país. Niños que ignoran sus orígenes y eso, es una laguna que se debe llenar urgentemente, sobre todo en estos tiempos de globalización.

La familia, sí, aún existe y debemos apegarnos a ella, incluso cuando crezca cada vez más como enredadera: no pierde su valor como refugio.

Un pequeño debe saber muy pronto que pertenece a una verdadera familia y que representa uno de sus principales enlaces.

Abuelo y abuela, a sus libros de hechizos, porque esto es de importancia capital. A ustedes incumbe el magnífico papel de contarle la bella historia de sus orígenes, la profesión del abuelo que no conoció, los sombreros de pluma de la bisabuela que hemos conservado en amarillentas fotografías, la etimología de su nombre patronímico y los héroes familiares, si existen. Está en ti dibujar su árbol genealógico, a fin de enseñarle lo que realmente significan palabras como ascendencia, descendencia y lazos sanguíneos. En fin, depende de ti llevarlo a visitar la ciudad y la casa de tu propia infancia, así como la de su papá o su mamá, permitiéndole concretizar ese pasado tal vez un poco borroso, en tanto que no ha visto el jardín o la pequeña iglesia donde jugabas a su edad.

Las raíces que crecen durante la infancia son indestructibles y están relacionadas con preciosos y únicos valores, que mantendrán a los adultos más cómodamente en sus zapatos toda la vida. Contar con la oportunidad de tener una familia, conocer su historia y peripecias, sin duda, es la fuente del equilibrio, incluso cuando determinadas situaciones en la vida la fragilizan. A este soberbio papel de trasmisión, merece que le otorgues el tiempo para investigaciones, traslados y visitas. ¿Y quién dice que tú no aprenderás también algunas cosas?

Los consejos de Mami Corazón

Cierto, todo ello es apasionante, pero recuerda que te diriges a un niño pequeño, y que su admiración por las hazañas vividas del bisabuelo Alberto jamás serán tan intensas como aquélla dedicada a las acrobacias del Hombre Araña en la punta del edificio Empire State o a la entrada de Barbie al baile en su vestido de princesa.

Mientras le platicas la historia de su familia, no seas ni didáctico, ni aburrido. ¡Adorna tus cuentos con dibujos, objetos, fotografías, poemas o cancioncillas, que ayudarán a ilustrar y concretizar ese pasado tan lejano para él! Organiza tus narraciones en episodios, incorpora algo de suspenso y estimula su curiosidad, para que esta bella historia no se transforme en pesadez.

Una cierta idea de su país natal

Llegará algún día, no en mucho tiempo, en el que Europa se habrá unido. Las monedas ya han desaparecido, a continuación será el turno de los idiomas, las tradiciones y luego, reyes, reinas, batallas y revoluciones se conformarán en la gran historia europea. Esto será el fin para aquélla de su país natal. Por tanto, abuelo y abuela, a las armas ciudadanos... después de la historia de su familia, continúen con la de su país. ¡Porque un país es la familia en su máxima expresión![2]

Tal vez, seguramente en algunos años, mientras el pequeño se convierte en adulto, viajará por el mundo, realizará sus estudios o su carrera en el extranjero, y será maravilloso para su visión mundial, pero gracias a ustedes, también habrá aprendido, desde muy temprano, que su propio país tampoco es indiferente. Los valores del país no se reducen a la producción de vino tinto, ni a la de queso u otro producto de manufactura nacional. Haz soñar a tus pequeños con las grandes decisiones que tomaron los héroes de la historia, las batallas y revoluciones, nuestras grandes construcciones, palacios, y la generosidad de la gente, francamente más deslumbrantes que las proezas de algún equipo de futbol o las simplezas de Hello Kitty[MR] (¿no?).

Los consejos de Mami Corazón

No es cosa de preparar un tratado de historia sino simplemente, y esto tampoco te hará ningún mal a ti, de volver a sumergirte sólo un poco en algún libro de historia y contarle los capítulos más bonitos. Pero por favor: ¡Hazlo en orden cronológico! Nada jamás ha sido peor para la Historia que su enseñanza dividida por periodos en función de las lecciones del alumno. Conozco a alguien que nunca logró encontrar la relación entre Revolución, Imperio y Restauración, pero, ¿quién los culparía?

Una cierta idea de la religión

Seamos breves con este siempre delicado tema. Lo primero que debes tomar en cuenta: sea que el niño nazca con la religión de sus padres

---

[2]La autora plantea la situación actual de Francia. En este mismo contexto, infórmate sobre la historia de tu país. Una visita a la biblioteca, librería o Internet te ofrecerá material muy valioso para contar.

(cuando los dos pertenecen a la misma), no hay problema, porque ellos se encargarán de su educación religiosa; o que nazca sin religión, ya que sus padres no la practican, y de hecho tú tampoco; pero, y esto se complica, si nació de padres con religiones diferentes. En ese caso, ¡no te involucres para nada!

Incluso cuando no se solicita mi punto de vista sobre la cuestión, igualmente lo ofrezco: yo encuentro que una religión, cualquiera que sea, aporta buenas bases a una joven alma en busca de ideales, ¡aunque tampoco es para tanto! Los intolerantes y los fanáticos dan miedo actualmente y, ¿quién desearía semejantes consecuencias para su nieto o para su nieta?

Propongo entonces que permitas que tus hijos y tus nietos se desenvuelvan con la religión, pero siempre respondiendo "presente", cuando vengan a solicitar un consejo o alguna explicación, y desde luego, durante las ceremonias que determinarán su recorrido como joven católico, protestante, judío, musulmán, ortodoxo (u otro), además de la circuncisión religiosa, francamente intolerable para los viejos corazones de los abuelos y por la que, de ser necesario, tendrás derecho a una explicación.

Una cierta idea de los animales

Podría resultar inagotable el capítulo de los animales: ¡Los adoro tanto! Consciente, sin embargo, de que no todo el mundo comparte mi enternecida y, en ocasiones, excesiva admiración, debido a la asombrosa socialización de las hormigas, las mansas pompas de los hipopótamos y los engolosinados ojos de amor de mi mascota, procuraré ser mesurada.

Definitivamente debes enseñar a tus nietos a querer a los animales

¿Todos los animales?, preguntarás. Sí, todos, incluso las tan admirables arañas y serpientes, que finalmente resultan más útiles en su misión en el seno de la naturaleza, que el gato o el perro, acostados en su cojín cerca de la chimenea. Un niño al que le agradan los animales es un chico que los respeta y se comporta amigablemente con ellos, no como un pequeño dominante odioso, con todas las crueldades y consecuencias de las que puede ser capaz el pequeño hombrecito. Comienza familiarizándolo con pequeños bichos seguros como las mariposas y las catarinas, después, poco a poco en el parque, en la campiña y en los zoológicos, platícale la vida de los animales más lejanos e inaccesibles. Ahí, una vez más, hazlo soñar: ¡Hay con qué!

Los consejos de Mami Corazón

Todo el mundo necesita un momento de esparcimiento, que le será concedido tarde o temprano, pero no es el momento de salir con el abrigo de visón, ni la bufanda de cordero de Mongolia. Personalmente, afronté la mirada repulsiva e indignante de Max, frente a un chaleco con pelo de no diré qué. Medí el peso de mi incoherencia frente al niño, a quien le prohibía matar al más pequeño de los insectos, por amor a los animales.

Una cierta idea de las cosas que sabes, pero revisadas

Forzosamente, en cincuenta o sesenta años de vida, ¡habrás aprendido algunas cosas! Ahora ha llegado el momento de hacer la clasificación y trasmitir lo mejor de ustedes mismos a la pequeña criatura, tan orgullosa de saber y hacer como "los mayores". Sin duda, no puedes imaginarte hasta qué punto aquello que le enseñarás lo marcará a lo largo de toda su existencia.

¿La prueba? Obsérvate y mira a tu alrededor; cuántas veces has escuchado o pronunciado esta frase: "eso me lo enseñó mi abuelita cuando era pequeño", o "mira, tengo la impresión de volver a verme con el abuelo cuando me enseñaba a poner un clavo". La juventud, con la firme intención de romper los códigos familiares y sociales, permanece profundamente apegada a su infancia y a aquellos que la han enriquecido con su saber y experiencia. Que la abuela enseñe a jugar resorte a su nieta, o el abuelo, la carpintería a su nieto, la acuarela, las maquetas de barcos o de casas para muñecos o la música: todo eso constituye el mejor alimento que existe para estos pequeños devoradores de conocimientos, mismos que nosotros, abuelos, deberíamos suministrar.

Muy ajena a mí está la idea de pensar que los padres no procuren ese papel, pero sucede que más bien están concentrados en el conocimiento del momento: aquel relacionado con su generación, tal como las revistas de historietas, el cine, los patines, los parques de atracciones, que permiten compartir las mismas recreaciones y diversiones en familia. Y luego, les agrada la idea de que sus abuelos coloquen su huella un tanto anticuada. Aunque sólo sea para burlarse gentilmente de ellos.

ABUELO Y ABUELA,
DEL CAMPO O LA CIUDAD

El error sería pensar que según vivan en el campo o la ciudad, los abuelos son diferentes. Eso podía ser cierto en la antigüedad, cuando la gente de campo abandonaba sus cultivos, para buscar en el bullicio de la ciudad un "mejor futuro". Pero actualmente, ¿qué diferencia real existe entre los comerciantes de la ciudad, los agricultores y los funcionarios públicos?

Aparte del acento, el calzado (porque hay menor necesidad de botas de nubuck para cosechar que para atender una galería de arte) y la facha más o menos gentil (porque el trabajo en el campo ofrece más espacio al espíritu para vagabundear, que la línea del metro a las 18:30 h), todo mundo ve las mismas noticias en la televisión, navega por Internet y los grandes almacenes venden productos idénticos. Todo mundo se parece a todo mundo. En fin, casi…

Existe un dominio único y fundamental, que al parecer sólo les pertenece a los abuelos en la campiña: la naturaleza. Es a ellos y sólo a ellos, a quien incumbirá el papel de llevar a sus pequeños nietos para descubrirla y quererla, sobre todo cuando viven en la ciudad con sus padres. El amor a la naturaleza será la clave mágica que les ayudará a penetrar al corazón de lo maravilloso y lo palpable, lo efímero y lo eterno, la fragilidad y la crueldad, lo delicioso y lo venenoso, es decir, lo más profundo y auténtico de todos los valores contradictorios que encontrarán durante su vida. Pero atención, sólo deberá tratarse de descubrimientos placenteros: no estarás obligado a citar a Darwin textualmente, ni a lanzarte a todo vapor con lecciones de cosas fastidiosas. Ya sea que tengas una pequeña propiedad o alguna parcela de tierra, siempre encontrarás con qué despertar la curiosidad y alimentar la impaciencia de un niño pequeño.

Lo importante es involucrarlo, ofrecerle responsabilidades, a fin de demostrarle que incluso a los tres años, le corresponde un papel. Sal a caminar con él al jardín, a la hortaliza o al campo, y muéstrale, explícale, ofrécele a probar, a sentir, espolvorea tus gestos mágicos para conmoverlo y fascinarlo. Hemos visto a estos sagrados pequeños, diablillos y diablillas, agrupados durante horas frente a un hormiguero o bien con el dedo en los labios, sumándose a tu silencio, ¡mientras espían a algún pajarillo regresando al nido para alimentar a sus pequeños, impacientes y alborotados!

Los consejos de Mami Corazón

En el momento que sea capaz de sostener un rastrillo y una pala, invierte a futuro ofreciéndole su "hortaliza bebé", y plantando precisamente en medio —es muy importante—, una estaca con su nombre. Ayúdalo a plantar, a regar, a vigilar y a recolectar. Estarás jubiloso(a) frente a su orgullo de traer a la mesa la zanahoria, el rábano o la fresa que cosechó, él solo, como un adulto. El milagro de la naturaleza dominado con sus pequeñas manos: ¡Qué descubrimiento y qué poder!

Pero, me dirás, ¿cómo le hacemos nosotros en la ciudad? Tú no tienes ninguna intención de aceptar que tus eternos rivales, quiero decir los abuelos "del otro lado", tomen la ventaja sobre ti, solo porque ellos habiten en la campiña.

Por lo tanto, es importante considerarlo, a menos que en lo personal dispongas de alguna terraza sobre la cual instalar su pequeña hortaliza. De cualquier forma, estaré tentada a decir: cada quien a sus competencias, y la ciudad está llena de tesoros para que descubra, si ustedes mismos los saben observar. Los monumentos iluminados, los escaparates decorados, los cuadrantes de la vieja ciudad con sus graciosas e intrincadas casas, las exposiciones de pintura (desde muy pequeños, algunos de ellos pueden interesarse), los músicos en las calles y en el metro, las terrazas de café para mirar a la gente y contar a los bigotones, las aves y las flores en los jardines públicos, los paseos en trolebús o camión, todas esas cosas, que de saber envolver con un poco de majestuosidad para contarlas, representan intensos momentos en su descubrimiento del vasto mundo.

Un papel supercalifragilisticoespiralidoso

APERTURA

Son comisarios en calidad de "guardianes mágicos de la tradición", y es a ustedes que corresponde la misión de fabricar sus sueños y recuerdos de las Navidades, cumpleaños y todas esas fiestas que formarán su infancia y le ofrecerán la confianza con todo el amor del que está rodeado.

TU PARTE DE MAGIA
EN UN MUNDO DE TONTOS

Tal vez, alguna mañana en la radio hayas escuchado, como yo, esta frase de la que jamás adivinarías el autor: "yo con mis nietos, estoy ahí para echarlos a perder, no para educarlos".

Este personaje rugoso, que ha llevado una vida de rockero durante cuarenta años y que con mayor facilidad lo imaginamos con una Harley-Davidson o una botella de Gin, que con un ramillete de paletas de caramelo macizo sobre sus rodillas, sí, ese mismo personaje, repentinamente se convirtió en un abuelo de la más bella especie, cómplice y tierno frente a sus nietos, para él claramente consentidos y echados a perder. Te invito a hacer lo mismo que él.[1] Sí, lo sé, es inmoral: dicen que no es necesario echar a perder mucho a los niños, que debemos enseñarles que todo se gana y que la vida se conquista con mucho esfuerzo, pero yo, les afirmo que la felicidad, los sueños y la magia se almacenan durante la infancia, para más tarde, cuando el viento de la realidad llegue a sacudir duramente el frágil árbol de las ilusiones.

Entonces, en sus marcas, abuelos, para el torbellino de Navidades, cumpleaños y cualquier ocasión imaginable para festejar con los pequeños. No se trata propiamente de una cuestión de dinero, tenlo por

[1] Él, es Eddy Mitchell, estrella de rock y del cine francés.

seguro, sino más bien de amor e imaginación. Conocí, por ejemplo, a un abuelo archigrosero, que confeccionó paso a paso, para cada uno de sus nietos, con motivo de su cumpleaños número 10, un cofre de tesoros con cadenas, del cual recibían la llave con gran pompa.

Al interior, además de un pequeño billete o de una modesta moneda, se encontraban en desorden los verdaderos tesoros de la vida, el abuelo quería que su nieto o su nieta los percibieran: una roca o una concha que juntos recogieron en la playa, una muestra del perfume de la abuela fallecida, un planisferio para elegir el viaje de sus sueños, una caja de música..., en fin, se trataba de una serie de objetos sin valor real, excepto por los recuerdos y los proyectos que el abuelo y el pequeño tuvieron para compartir. Esos tesoros tenían un efecto mágico, ya que incluso cuando el pequeño esperaba un regalo de otro tipo, éste lo cautivaba. De hecho, de inmediato lo acomodó aparte, protegido, ¡como un secreto!

LAS NAVIDADES

La Navidad constituye sin duda el evento más representativo de su infancia. Les aconsejo invertirle todo su talento de magos. Recuerden su propia infancia y asombro frente al árbol iluminado para la época, con verdaderas velas, los regalos en sus pequeños zapatos, el aroma del pavo, la familia reunida: ¡Qué gran felicidad!

Es tu turno de confeccionar estos recuerdos indelebles, sabiendo en todo momento, que los niños de nuestra época son mucho más difíciles de apantallar que en nuestros tiempos, cuando una muñeca o el Mecano nos elevaban directo al paraíso. Será necesario superarte para hacerlo inolvidable, sin que tengas que endeudarte por ello.

Para empezar, haz lo posible para que la velada navideña se lleve a cabo en tu casa. Sí, lo sé, están los deportes de invierno y los otros abuelos, pero tal vez puedas convencer a todo el mundo de que tú y el abuelo cuentan con todo el tiempo para preparar una Navidad ¡de maravilla! En general, los papás del pequeño o la pequeña están bastante de acuerdo, hacen todo por escapar a la faena de cocción de un pavo enorme en su pequeño microondas. La casa, el balcón o la ventana deben brillar en todo su esplendor. No regatees con la guirnalda luminosa que deslumbra al pequeño desde su llegada. No olvides los clásicos de Navidad: Nat King Cole, Frank Sinatra, Tino Rossi y Judy Garland, ¡deben estar en la fiesta! Personalmente, soy partidaria de entregar los regalos durante la velada misma, en la dulce euforia de la Nochebuena, más que al día siguiente cuando se despiertan los pequeños. Generalmente, los padres habrán festejado con todo y tienen resaca, duermen de pie y a tientas instalaron las pilas necesarias, rara vez incluidas, para la puesta en marcha de la mayoría de los juguetes.

Si son de los abuelos recién llegados y si a cualquier precio desean ofrecerle algo al bebé de tres meses, compren un brillante y crujiente papel para envolver regalos. ¡Le encanta! Después de los dos años, es claro que el abuelo deberá dejarse la blanca barba y colocarse el hermoso abrigo rojo bordado, que le habrá confeccionado la abuela, atento de no tropezarse con la alfombra o quedarse atorado tras la puerta corrediza del balcón. Sabe que lo utilizará por lo menos durante cinco años, y a veces más, mientras que el niño, astuto como un chango, ¡piensa que haciendo creer que él cree, obtiene aún más regalos! A menos que no sea una hábil manera de permanecer en su infancia.

Los consejos de Mami Corazón

¡Cuidado con los zapatos de Santa Claus! A veces ocurre que las primeras dudas de los pequeños surgen a raíz de unos estúpidos mocasines que se parecen a los del abuelo, como dos gotas de agua.

Tu árbol de Navidad deberá ser grande, lo más grande posible, en función de la altura del techo. Uno pequeño es agradable, pero hace soñar menos a un niño que un árbol tres veces más alto que él, donde se coloca bajo las esferas, las guirnaldas, los listones y los bastones de caramelo. ¡Acomoda al pequeño justo de frente al árbol!

No elabores tu menú en función del pequeño. Estará de sobra emocionado para comer lo que sea, además de la comida chatarra del aperitivo, ¡como de costumbre!

Los consejos de Mami Corazón

Cuando haya uno o varios niños en la casa durante la velada, será difícil e incluso cruel recorrer la entrega de los regalos hasta el final de la cena. Les aconsejo organizar desde el principio un sorteo.

Colocamos en un sombrero pequeños papelitos con el nombre de cada uno de los invitados. Entre cada plato, descubrimos dos o tres nombres, y las personas designadas reciben su regalo. Sí, tienes razón, esto generará un bonito desorden en tu salón tan bien decorado, ya que todo el mundo se para de la mesa para ayudar en cada uno de los repartos, aunque esta diversión permite librarte y hacer una pausa digestiva muy útil entre los platillos navideños. Además, a los niños les encanta ese suspenso, que como quiera, no debe durar mucho tiempo. Haz una marca discreta sobre los papelitos para que, ¡oh sorpresa!, él o los niños, sean mencionados en el segundo o tercer turno. Una vez que hayas colocado las pilas en los juguetes, comprendido, traducido y luego explicado los instructivos en inglés, deshechado todos los cartones y envolturas para dar espacio a los siguientes regalos, puedes regresar a la mesa y terminar tu pavo, ¡aunque la salsa se habrá secado!

En lo que se refiere al regalo del pequeño, querrás ofrecer el más oneroso... no es grave, sólo tienes que ahorrar; ¡lo esencial es observar las estrellas brillando en sus ojos, mientras arranca febrilmente la envoltura y descubre el juguete con el que sueña después de haberlo visto en la publicidad! El espectáculo de su extasiada impresión, te hará olvidar por un instante el pequeño regalo que recibiste de su parte, donde evaluó entre ofrecerte un cárdigan grisáceo o un cuchillo eléctrico, cuando tu habilidad en materia de trinchar aves ha hecho de ti una gloria familiar y jamás utilizas el color gris.

Los consejos de Mami Corazón

La tradición es buena y te corresponde respetarla, sin embargo, un "pequeño suplemento espiritual" otorgará a esta fiesta otra dimensión en el corazón de tu pequeño nieto. Durante esa noche, todos nos sentimos orientados hacia la compasión y generalmente se nos sale alguna lagrimilla cuando vemos en la televisión al reportero en esmoquin, que comenta la situación de las familias en las calles, los niños sin regalos o los viejos

completamente solos. ¿Te fijas hacia dónde quiero ir? Durante la reflexión de la buena conciencia, ¿por qué no llorar?
Visita algún albergue o asociación para personas desvalidas y elige a un invitado. Ábrele tu puerta, cólmalo de afecto y atenciones, y hazle pequeños regalos. No solamente ofrecerás bienestar a las personas desesperadas, sino que darás un bonito ejemplo de generosidad a tu nieto, y serás un verdadero héroe ante sus ojos.

Consejo adicional

Convencer a las personas necesitadas para venir a tu casa durante Nochebuena no es tan fácil como lo podríamos creer. La generosidad es algo tan extraño que genera desconfianza. Vale más la pena confiar a los asistentes sociales el cuidado de lanzar la invitación y hacer sentir segura a la persona, antes que contactarla ustedes mismos.

LOS CUMPLEAÑOS ALEGRES

También los cumpleaños son momentos muy intensos que dan la ventaja, además del pastel, de no respetar forzosamente la tradición. ¡Queda en ustedes entonces, marcar cada una de esas fechas con el sello de su imaginación!

Dejen a los padres la dolorosa faena de la disfrazada comida en casa y encárgate de la parte creativa inventando nuevos trucos para maravillarlo ese día: un hada que desciende en el salón, su verdadero primer partido de futbol, su bautizo, la visita a algún sitio histórico, su primer paseo en motocicleta con el abuelo, un juego con el que sueña, pero que todavía no puedes encontrar en el país (¡gracias Internet!). O, por qué no, ¿su primer viaje al extranjero?

LOS VIAJES ENCANTADOS

Lo que me lleva de manera totalmente natural a abordar el capítulo de los viajes encantados con cariño: quiero decir, aquello que el pequeño hará con ustedes, sin saber quién de ustedes, o él, ¡estará más contento!

Mujeres y hombres, que casados después de 25 años, sueñan con una escapada de solteros para pescar u ofrecerse un masaje de piedras calientes, ¡olvídenlo! Hay algo bastante mejor que hacer: tomar a su pequeñín del brazo y llevarlo de viaje con alguno de ustedes, es decir, frente a frente ya sea con su abuelo o con su abuela. No es que yo preconice la escisión de su matrimonio, pero dos días enteros lejos de las costumbres cotidianas, serán increíblemente propicios para otra forma de complicidad y ternura.

Evidentemente, no elijas ir a estancarse en las aguas termales o sobre el borde de algún mar siniestro, mejor averigua escapadas a los destinos divertidos y con otros aires, de los que ambos regresarán llenos de recuerdos y anécdotas. No hay necesidad de ir al otro lado del mundo: dos días en alguna ciudad cercana solucionarán perfectamente el asunto, si no tienes los medios para ofrecerle Nueva York o Disneylandia. Como yo, constatarás que los niños prefieren descubrir ciudades que descubrir paisajes que relajan a los adultos y que son indiferentes a las miradas infantiles, más atraídas por las luces, los ruidos y el estruendo de las megaciudades internacionales.

Los consejos de Mami Corazón

No olvides que estás con un niño y lo que te interesa no forzosamente le interesa a él. Nada de repetir museos, nada de compras desenfrenadas, nada de espectáculos oscuros de los que no comprende nada. Elabora un programa a su alcance y si definitivamente tienes que llevarlo al museo, desenvuélvete de tal manera que cautives su interés.

De cualquier forma, no comiences con los viajes muy temprano. Francamente antes de los seis años, aquello puede tornarse en una pesadilla o en una repatriación (¡para ti!).

Entérate de que ese primer viaje con tu nieto o tu nieta será determinante para el futuro: lejos de sus padres, no contará más que contigo para asegurar "lo ordinario" y "lo extraordinario". Entonces, por favor, no falles: debe ser intenso en descubrimientos y carcajadas. Lástima si regresas de rodillas, es el precio que debes pagar para que tiempo después, alguna tarde mientras platican, te pregunte: "¿Oye, cuándo volvemos a salir de viaje juntos?".

LOS ESPECTÁCULOS

¡Ahhh el circo! Sí, el circo está bien, pero tampoco es lo único, y no es porque te recuerde experiencias temerosas y maravillosas a la vez, que debas arrastrar a tu pequeño por todas las carpas que se encuentren y aparezcan cada vez que vacacionan.

La televisión le ha abierto el panorama de grandiosos espectáculos, y puedo asegurarte que desde muy joven, ya es sensible a otras diversiónes que a ver unos leones enjaulados y algunos tristes payasos que hacen ruido con su pantalón. Las comedias musicales, los danzantes, el ballet clásico y el Cirque du Soleil son una verdadera maravilla para el florecimiento de la imaginación de los pequeños. ¡La idea es deslumbrarlos y observar discretamente su apantallada mirada!

Pero como ya los conozco, dignos y considerados abuelos de la tradición, estoy segura de que también contarán con un guiñol, el circo y todos los dibujos animados de Walt Disney. Como ustedes, yo lo hice y no me arrepiento, excepto que durante el espectáculo del circo Bouglione, un cocodrilo de verdad apareció en la pista y se dirigió directamente hacia nosotros en la primera fila. ¡Gran momento de terror!

¡LOS REGALOS SORPRESA!

A diferencia de los regalos convenidos para la Navidad o el cumpleaños, los regalos inesperados son como luces doradas que iluminarán sus ojos. Sin tomar en cuenta el estado de excitación que sientes al momento de comprarlos, y cuando los das. Acuérdate de lo que dijo Eddy Mitchel: ¡Mimarlos, no educarlos! Pues bien, aquí estamos. Ríe del placer de volver a entrar a una tienda de juguetes, y de hacerlo a toda prisa en cada sección −en vista de que ya tiene todo−. ¿De la última novedad?

Los consejos de Mami Corazón

Vigila, sin embargo, que no te considere como un proveedor de regalos. No se trata de convertirlo en un acto sistemático, que vuelva al niño exigente, caprichoso y, finalmente, muy antipático. El regalo inesperado, resultará mucho más apreciado, ya que será como su nombre lo indica, ¡inesperado!

En el caso de que tuvieras una pequeña faceta de "juegos a la antigua", te recuerdo que los niños de hoy detestan que se les ofrezcan dulces para chupar, los objetos útiles: "oye, mira, te traje un bonito cepillo para el cabello", y todavía peor, a partir de los ocho años, ropa que ellos mismos no hubieran escogido, o de una marca distinta de N..., G..., C..., etc. (ruego llenar los espacios punteados: es una prueba de ultramodernismo).

LAS HISTORIAS

Probablemente, aún quedan adorables pequeñitas que se duermen con la sonrisa en los labios, escuchando las historias del príncipe encantador o Pulgarcito, pero estos casos son mucho menos frecuentes ya que los niños se imaginan como celebridades o extraterrestres.

Resulta triste decirlo, pero los cuentos de hadas "a la antigua", no interesan más a los niños de hoy, ya que los sueños vienen y van de la estrella de hoy, a los planetas desconocidos y poblados de horribles monstruos dotados con poderes exterminadores, gracias a rayos láser que disparan por la nariz. ¡Qué tierno y poético! Y si todavía queda un poquito de atracción por los príncipes y las princesas, será necesario que pronto estén equipados con teléfonos celulares, si no quieren resultar anticuados y ¡ser abandonados en el fondo de una caja de juguetes! Entonces, abuelos, no cuenten más con sus viejos libros de la infancia para lograr revivir a sus héroes de antaño. Todo eso ahora huele a moho. Lo que significa que, graciosamente, ¡ustedes deberán reciclar las historias que cuentan durante las veladas!

Con una inercia de generosidad, de la que tal vez me arrepentiré, les relato la trama de la historia en episodios que inventé para Max y que lo ha tenido sin aliento ¡durante seis años! Sí, señoras y señores, seis largos años durante los cuales he debido, a solicitud, improvisar los intensos momentos en la vida de una pequeña pollita azul que empollaba huevos de oro y procuraba la alegría de la gente con la que se encontraba, en el curso de sus aventuras por el vasto mundo. Un toque de magia con los huevos de oro, un toque de modernidad ya que aquella pollita azul se ayudaba, como tú y yo, de una computadora y un podcast, un toque de suspenso, porque ciertamente corría mil peligros en sus pere-grinaciones, un toque de romanticismo, conforme se enamoraba de un famoso futbolista o vencedor de la Nueva Estrella y, para terminar, un to-que de historia y geografía, dado que de vez en cuando, lograba incor-porar información de algún país o un personaje célebre. ¿Nada mal no?

Los consejos de Mami Corazón

En su momento, crea un personaje recurrente y hazlo tu cómplice. Éste constituirá para siempre, un tierno vínculo entre tú y tu nieto. Incorpora en la vida de ese personaje, tus valores, tu moral y tus propios sueños, restituyéndolos con el estilo que mejor te convenga (suspenso, diversión, fantasía, ficción, amor) y, sobre todo, que más le guste al niño.

Posdata

Leyendo nuevamente este capítulo, me di cuenta de que entre la Na-vidad y los cumpleaños, olvidé comentar la Semana Santa y Halloween. ¡No resulta completamente inocente, porque considero esos dos seudo-festejos como una estafa de la más bella especie, obligándonos a gastar cantidades de locura para comprar horribles o incomibles chatarras!

Parecería que el Halloween está perdiendo intensidad y no nos arrepentimos, aunque las campanas de Pascua tienen una dura vida, lo mismo la recolección de los huevos; apenas abarca un apartamento de 60 m² en el quinto piso. Si los padres han decidido apegarse, es perfec-to. Corresponde a ellos las cajas de chocolate y las canastas adornadas de pequeños huevos de azúcar, endurecidos y generadores de caries. A ustedes, por el contrario, corresponderá la adquisición de un hermoso huevo de verdadero chocolate, soberbiamente decorado y adornado con excelentes caramelos, que será la pieza central de esta jornada, de la que únicamente el cura y un puñado de parroquianos, aún celebran el verda-dero significado. Para todos los demás, representa una moda a voluntad y una segura hiperglucemia como postre.

Si su jardín los convierte en los gentiles organizadores de la fiesta del chocolate, entonces por piedad, sean moderados. Inútil comprar to-neladas de porquerías (sí, dije porquerías, porque realmente es el caso) que terminarán en la basura un mes después. Algunos pequeños huevos, alegremente envueltos o decorados, resultarán suficientes para la alegría del niño, cuya principal diversión radica en buscar por todas partes y asomarse en los escondites menos probables.

¡SOS, soluciones para todo tipo de problemas!

Sí, querida, tengo un espacio. Puedo cuidar al bebé una hora la próxima semana, después de mi reunión en el club, entre mi curso de yoga y mi cita con el peluquero.

APERTURA

Tiempo parcial o completo, a las ocho de la mañana o a mediano-che, uno de los papeles fundamentales de los abuelos consiste en una instantánea disponibilidad, a partir de que los jóvenes padres lanzan un llamado sin preocuparse en lo absoluto de tu propio tiempo.

LA URGENCIA OCASIONAL

Sí, como todos los abuelos, se regocijaron y enternecieron con el nacimiento de la octava maravilla del mundo, así que haberse prometido amarlo, guiarlo y protegerlo, en lo que les reste de vida está muy bien, pero no es suficiente.

Les hace falta la dimensión que crea la diferencia entre los santos y los simples mortales, quiero decir, la absoluta abnegación de tu persona en beneficio del ser adorado: el bebé de tu hija o hijo, convertido al momento de su primer llanto, en el ser más importante del planeta para el puñado de devotos que constituye su pequeña familia. A partir de ahora y normalmente hasta tarde en la vida, su existencia no valdrá un comino si la de él necesita que acudan para asegurar la solución de problemas de todo tipo, que se supone sólo los abuelos pueden efectuar porque, en principio, están retirados y es lo único que tienen que hacer.

Supongamos, entonces, que efectivamente están retirados. Un retiro que has soñado para finalmente relajarte y tener el tiempo de dedicarte a aquello que tu vida profesional no te había autorizado. Como el golf, el bridge, el ajedrez, el cine, la compañía de los amigos, el estudio de coptos o celtas, la danza hindú, la artesanía floral de Java, la beneficencia, el tejido, la literatura romántica alemana, el dibujo, la gimnasia, viajar, los recorridos dictando conferencias, las exposiciones, el arpa y, sin duda, olvido miles de otras actividades que paradójicamente, logran que las personas retiradas tengan todavía menos tiempo disponible que cuando estaban en actividad. Esto molesta mucho a sus nietos, que no comprenden estos aires desbordados de los abuelos cuando ellos solicitan un pequeño favor. La llegada del bebé no va a arreglar las cosas, dado que entonces aparecerán argumentos tales como: "lo siento, no puedo, tengo curso de esto o mi junta de aquello", entonces pronto les colocarán la etiqueta de "abuelos egoístas y, encima de todo, ni siquiera son capaces de hacer un pequeño esfuerzo para cuidar a su nieto o nieta sólo el fin de semana que tenemos un seminario…"

Abuelos, estén listos para mostrar su caja con la solución de problemas de todo tipo, abierta 24 por 24 horas, fines de semana incluidos. No es que en realidad estén movilizados; lo importante es que sean potencialmente movilizables al instante de un telefonazo, cuando tu hija o hijo, nuera o nuero, les llame en medio de la catástrofe, para solicitarles venir a cuidar al pequeño, ya que ellos van a estar (durante la noche, mañana, pasado mañana) completamente bloqueados por:

- Una reunión.
- Una cita.
- Un cumpleaños sorpresa.
- La nana que se enfermó.
- Algún evento obligatorio al que no pueden faltar y ustedes tampoco, ¡por el mismo motivo!

Francamente, ¿te imaginas diciendo que no? Con la pena en el alma, anulas el programa que tenías previsto y partes con tu pequeña maleta de abuelita. De cualquier forma, verás que no te arrepentirás, ya que pasarás horas deliciosas y profundamente tiernas cerca de tu "pequeño bebé tan bonito", que empieza a ofrecerte risillas. Pero bueno, en principio, ¡está hecho!

EL CUIDADO DE TIEMPO COMPLETO

Probablemente se trata de una elección reflexionada con madurez (si no es una necesidad), que seguramente habrás llevado a cabo antes del nacimiento y, entonces, nada de refunfuñar: lo querías, lo tuviste…

No actuaré de pesimista, prediciendo que la van a pasar difícil. Como quiera, conozco un caso completamente elocuente para contar, sólo con el fin de impulsar su moral.

Una abuela entra al parque con una carriola a la que están sujetadas dos grandes bolsas de plástico. Se detiene, luego se sienta en una banca, entre dos jóvenes mamás. Libera a la niña, que parece un diablillo y sale corriendo hacia el área de juegos. La abuela deja todo solo y corre tras ella. La observo desde lejos ayudando a la pequeña a subir al tobogán, precipitarse para recibirla abajo, ayudarla a escalar el laberinto, vigilarla, decirle "cucú" cada vez que la pequeña aparece por alguno de los orificios, empujarla sobre el torniquete, balancearla, sentarla, decirle que ya es suficiente, ser ignorada, recomenzar todo el circuito, observar si la carriola sigue ahí con las bolsas de plástico y, finalmente, colocar a su pequeña adoración en el montón de arena, donde va a tomar la pala de otra niña que gritará, mientras la abuela recupera sus propios juguetes de una de las bolsas. Finalmente, se sienta en la banca con los ojos puestos en la carne de la carne de su carne, pero se levanta 15 veces para limpiarle la nariz, quitarle la arena de los ojos, devolver la pala que la pequeña sigue prefiriendo a la suya, interrumpir una pelea. Llega la hora de comer, luego de hacer pipí, una última visita al área de juegos y el regreso a casa, donde la espera el momento de su baño y su cena antes de que los jóvenes padres vengan a recoger a su querido amor, ¡que ha sido muy sensata con su abuelita! Entonces, para ella, ese será el momento del descanso, esperando recomenzar todo al día siguiente.

Es difícil de admitir, pero en la vida hay una edad para todo. Ocuparse de tiempo completo de un pequeño es una pesada tarea que nuestras 50 o 60 primaveras ya no están forzosamente preparadas para asumir con la misma abnegación, ni la misma energía que nuestras propias abuelas, más habituadas a las duras labores, y que tal vez, no tenían elección.

Los consejos de Mami Corazón

Reflexiona seriamente antes de tomar esta decisión. Reconozco que puede ser tentador cuidar a tu nieto y rodearlo con este amor in-

➡ menso que ninguna nana jamás le ofrecerá como tú, pero te lo repito, probablemente ya no estés configurada para desempeñar el papel de abuela valiente de tiempo completo.

Si, por el contrario, por razones de fuerza mayor, no existe otra solución para que tus hijos se las arreglen y para que el tesoro de tu vida sea mimado como se merece, entonces ciertamente, no debes dudarlo. Aunque, ¿necesito decírtelo?

Mami Corazón pensó en ti

Siendo el objetivo que me he fijado el que este libro te resulte verdaderamente útil, he preparado para ti una lista de los problemas y los momentos en los que sin duda serás llamado a cumplir tu misión entre los cero y 10 años. De esta forma, estarás listo para subir a tu pequeño auto, llegar y estar disponible ¿una, dos horas, medio día, un día? Dependerá de la gravedad del problema.

* La nana está enferma o fue despedida.
* Hay una epidemia en la guardería.
* Ambos padres están agripados.
* El pediatra, que deberá pasar en algún momento (pero no hay una hora fija).
* El pequeño contagioso, que debe permanecer en casa.
* El peluche perdido, que resulta absolutamente necesario volver a comprar.
* Una huelga escolar.
* Acompañarlo a sus cursos del miércoles.
* Las visitas con el médico (fuera de las urgencias).
* Los cursos para el regreso a clases.

LA CONSOLACIÓN

Por tanto, será un SOS para la solución de problemas que adorarás mientras que tu nieto, entre siete u ocho años de edad, comenzará a tener grandes tristezas escolares, amistosas o amorosas (pero cómo: ¡ya a esa edad!) y te hablará llorando y a escondidas por teléfono, para contártelas. Claro que esas tristezas no serán muy graves, pero te revelarán, por casualidad, su personalidad y grado de sensibilidad. Además, de esta manera evaluarás el nivel de confianza que te tiene. Lo verás: ¡Te deleitarás en este dulce papel de consoladora, primer paso hacia aquel que interpretara Denise Grey[1] en La Boum, con el que todas las abuelas hemos soñado!

---

[1] Denise Grey es una popular actriz francesa que interpretó a una entrañable abuela, en la película La Boum, en la década de 1980.

Un papel que el mundo diplomático te envidia

APERTURA

No porque tenga la altura de tres manzanas, pensamos que el pequeño carece de grandes preocupaciones. Hará falta detectarlas, para luego manejarlas con tacto, ya que tú eres, entérate, su más sólida muralla frente a las inconsistencias de los adultos.

MANEJAR LOS CONFLICTOS
FAMILIARES CON TACTO

¿Otra vez te arrancaste una cana esta mañana? Es un doble error. Primero, porque se dice que una cana arrancada, hace crecer cuatro nuevas, y además, resulta un gesto inútil, en la medida en que todavía no has terminado...

Es un fenómeno que los mejores expertos del mundo, abuelo y abuela, han constatado: conforme van entrando en años, más ansiosos son con respecto a todo lo que concierne a sus niños y nietos. ¿Es a raíz de su pretendida ociosidad, que permanece el campo abierto a la dramatización, o bien, es porque su cerebro comienza a realizar pequeñas fijaciones, a menos que a partir de una determinada edad, la experiencia de la vida se vuelva pesimista? Como quiera, ocurre que el mínimo conflicto familiar les arruina la vida. Incluso hemos visto abuelos en periodo de crisis, renunciando a su sacrosanto whisky bien cargado del domingo a mediodía, y abuelas que han olvidado su cita en la estética.

Hay que decir que, generalmente, su contribución radica en encontrar los ángulos y ser árbitros en los conflictos que pueden oponer a los miembros de la familia, pues aunque les moleste esa palabra, se encuentran en el paso de convertirse en decanos. Entre la pera y el queso de una gran comida que reune a la tribu, ¿cuántos disgustos idiotas y cuentas pendientes e irreversibles, pudieron evitarse gracias a su hábil intervención? Diplomáticos o más prosaicamente determinados a mostrarles la paz con historias dulces, saben encontrar las palabras exactas para tranquilizar y consolar a sus hijos, los primos de sus hijos, los tíos y las tías de sus hijos, pero... ¿también sabrán serenar a sus nietos?

"OTRO BEBÉ" ES ANUNCIADO

Lo soñaban, lo lograron: sus padres van a tener otro bebé y es lo único que se comenta en casa.

Incluso a la sagrada hora de la historia en la tarde, le murmuran en la oscuridad "que pronto ya no jugará solo, que podrá compartir juguetes con un gentil pequeño hermano o hermana, que papá y mamá los amarán por igual, que al principio es necesario ser cuidadoso porque será un bebé muy pequeño, pero que actualmente se encuentra muy cálido en el vientre de mamá".

Evaluemos nosotros, los adultos, la monstruosidad de esos propósitos combinados con imágenes que entrechocan en la cabeza de ese muy pequeño y hasta ahora venerado niño, quien deberá enfrentar una sucesión de dramas anunciados de los cuales, sin duda, el peor es tener que compartir a sus padres con un bebé que ahora ha tomado su lugar en el vientre de su madre. ¿Y también muy pronto tomará sus juguetes? ¿Y también tendrá derecho a morder?

Abuelos, durante el tiempo que tome aceptar y digerir eso, ustedes serán su refugio y su boya de ternura. Es a ustedes a quienes incumbe la delicada y esencial tarea de ofrecerle seguridad en su futuro como ex niño único. Es claro que si adoptan el mismo ritmo de discurso que los padres, van a "fallar con el objetivo". Solo por agradarle, no muestren tanto entusiasmo por el futuro nacimiento y díganle que, de cualquier forma, él siempre permanecerá como su preferido. Esta mentira piadosa tranquilizará por algún tiempo los celos que lo consumen, sobre todo, si la acompañas con promesas de privilegios, como sostener el volante del automóvil sobre las rodillas del abuelo, o ir como princesa en un día de compras con la abuela.

Los consejos de Mami Corazón

¡Tampoco hagas tanto! Es necesario que le enseñen amablemente a querer a ese futuro bebé, no alimentando una rivalidad que podría volverse un problema desde el nacimiento. Menos exacerbados que cerca de los padres, sus celos y tal vez también su desconcierto, encontrarán en sus palabras y gestos la tranquilidad que tanto necesita, a fin de prepararse para este encuentro y aceptar al minúsculo intruso.

DESPUÉS DEL NACIMIENTO

Todos los pequeños temores prenatales no son nada comparados con lo que un pequeño siente, una vez confrontado con la realidad de esta presencia invasora que modifica su vida cotidiana, acaparando la atención de su padre y de su madre.

Incluso cuando estos últimos vigilan la repartición de apapachos, dedicando su poco tiempo libre para jugar con él a la pelota, o con la muñeca, el niño sólo contabiliza el tiempo ocupado con "el otro". Que empiece a morderse las uñas o a hacer pipí en la cama, no tiene nada de sorprendente cuando pensamos en lo que sufre, aún siendo tan pequeño, y a pesar de traer ropa completamente nueva y que muy pronto será el primogénito. Más bien juzga.

El juego de las 7 calamidades

- El bebé duerme en la habitación de sus padres, y él no.
- El bebé está lleno de visitas, sonrisas y regalos.
- Al bebé le hablan de una manera simpática y súper gentil, no como a él.
- El bebé toma la leche del pecho de su mamá y él no tiene derecho a hacer lo mismo.
- Se le prohíbe correr en la casa jugando a la sirena de policía con sus amigos porque el bebé duerme.
- Ocupan horas bañando al bebé, consintiéndolo y colocándole ropa bonita y suave, mientras que a él le dicen que se apure a tomar el baño y ponerse su fea pijama.

➤ •   Los padres parecen fatigados y molestos todo el tiempo. Repentinamente se enfadan con él, sobre todo con las tareas. "No es gracioso",
como diría Titeuf.[1]

Abuelos, ¡arréglenme eso de inmediato! Este niño tiene la necesidad
de obtener recursos lejos del invasor y recuperar su trono de pequeño
rey. Acójanlo en su casa durante los fines de semana y los puentes,
para que se reinvente una salud moral, reconvirtiéndose en el centro
del mundo. No, no le digas que tiene que ser razonable y comportarse
como adulto: no es lo que espera de ti, y si quieres evitar su regresión,
paradójicamente trátalo como tu pequeño y adorado amor, que retomará
al toro por los cuernos. Sean dulces, hablen con él como con "cualquier otro", modulen tonos: eso terminará por molestarle y muy pronto
será él quien reivindicará su derecho a un trato de "hermano grande" o
"hermana grande".

Los consejos de Mami Corazón

Me parece que estos consejos tal vez me colocarán en controversia
con algunos de los paidopsiquiatras más eminentes, pero te digo que a mí
me funciona. Y además, estoy segura de que más bien encontrarás agradable desempeñar este papel con toda finura, con resultados tangibles
y te reafirmarás como fino diplomático frente a los jóvenes padres. En el
estatus de abuelo, lo verán, ¡¡jamás resultamos descontentos de hacer
el esfuerzo!

Salvo que los padres hayan planeado todo mal y ustedes mismos,
no puedo imaginar un fracaso en ese delicado paso, cuando el pequeño
o la pequeña, en algunas semanas, o tal vez meses, se volverá a abrir y
experimentará un amor protector e incondicional hacia el bebé que ahora
lo reconoce, le sonríe y todavía mejor, le ofrece a su ego la más hermosa
señal de obediencia, tendiéndole su peluche o su osote.

---

[1]Titeuf es un personaje de historieta creado por Philipp Chappuis. A través de una serie de televisión,
muestra la visión infantil sobre las actitudes e instituciones de los adultos.

Desafortunadamente, puede suceder que se instale el rechazo del pequeño hermano o hermana, acompañado de agresividad o de un repliegue en sí mismo. No esperen demasiado tiempo para recomendar a los padres consultar un paidopsiquiatra.

SUS PADRES

En su época (aunque lo repito, ustedes aún son muy jóvenes), los conflictos padres-hijos se arreglaban en dos cucharadas: "Niño a tu cuarto", combinado, según la gravedad, con castigos como no dar la mesada o lavar la vajilla durante un mes. Si en tu casa existía la posibilidad de responder, en todo caso, en la mía, no se discutía en lo absoluto. Las cosas no ocurren igual desde que la autoridad es considerada como violencia, y que unas buenas nalgadas pueden llevarte a los tribunales.

Los niños se encuentran en su legítimo derecho cuando se rehúsan o rechazan el castigo, la privación o la corrección. Como dirían los demás: se trata de nuevos métodos pedagógicos. De tal suerte que los jóvenes padres, los más vanguardistas en el tema, terminan por resquebrajarse un día u otro. Alzan la voz, los encierran en la habitación, les prohíben la televisión, telefonean a Súper Nana (no, bromeo...). El pequeño no comprende por qué repentinamente son muy duros con él. ¡Existe una amenaza de revuelta, enciende tu pipa de la paz!

- Puede ser que el niño mismo te platique todo, apelando a la injusticia y declarando que tiene que vivir con ustedes "para siempre", y que "ellos" son muy malvados.
- Puede suceder que los padres, hartos, lancen una amenaza suprema (evita arrepentirte de la próxima segunda vez): este niño es "infernal", no pueden más con él y van a terminar por "colocarlo en la guardería".

En ambos casos, no envenenen más las cosas afirmando al niño que sus padres tenían razón, o a los padres (incluso cuando estén convencidos) que si lo hubieran educado mejor, no estarían así.

Manténganse extremadamente atentos a esta primera queja del pequeño, que a falta de comprensión recíproca, puede degenerar en un problema crónico para relacionarse. Su papel es el de hacerle aceptar la autoridad y el castigo de sus padres, no como una injusticia, sino como las bases de su buena educación. Sí, lo sé, es más fácil decirlo que hacerlo. Claro que si señalas a uno de sus pequeños amigos o primos, reconocido por todo el mundo y, sobre todo por él, como un niño maleducado, preguntándole si desea parecerse, estremecerás sus convicciones y le demostrarás más concretamente el interés de que sea reprimido y castigado de vez en cuando, a fin de que permanezca como un pequeño o una pequeña gentil.

En cuanto a los padres, en principio da un razonamiento más sencillo, compromételos a conversar con su pequeño, a explicarle por qué ha hecho mal y por qué no se le puede permitir todo. Favorecida por un momento de calma, incluso a partir de tres o cuatro años, una plática entre padres e hijos es saludable, y hasta debería ser obligatoria, si pensamos en la carencia de diálogo que puede surgir en ¡la edad de la adolescencia!

Los consejos de Mami Corazón

Incluso si se te quema la lengua, jamás pongas en evidencia a los padres frente a su hijo: esto tarde o temprano te caerá en la nariz y podría ponerte en riesgo de cuarentena. No hay nada más odioso para quedar bien que unos abuelos diciendo a su nieto que su padre y su madre son unos idiotas, que ignoran la suerte de tener a un pequeño tan gentil y que solo tiene que decirles a sus abuelos lo que le gustaría para su consuelo. Sí, sí, te lo aseguro, hay quienes hacen eso...

LA CASA FAMILIAR

Seguramente se trata de esa hermosa y vieja casa que compraron tus bisabuelos, para que tus abuelos estuvieran bien, misma que, después tus padres han remodelado como casa familiar para vacacionar y recibir niños, bebés, hermanas, primos, primas, de ser posible a todos al mismo tiempo, porque nada los haría más felices que reunir a todo ese pequeño mundo y escuchar el jardín resonar con risas y comensales. Ahora es su turno de ventilar las habitaciones, tender buenas camas y arreglar las macetas, para la llegada de la tribu que ustedes desean convocar.

Harías bien jurándome en verdad "cruz de madera, cruz de fierro, de mentir voy al infierno", sé bien que en medio de toda esta tropa encontrarás que el tuyo es el más hermoso, el más inteligente, el más gentil, el más obediente, el más servicial, el más…, el más… Y mientras estén frente a frente, ustedes, los abuelos, no agotarán los elogios, incluso sobre tu gentil pequeña que, sin embargo, tiene un rostro ingrato, o sobre ese pequeño bribón que no deja de decir groserías.

La primera dificultad a vencer como grandes líderes de la tribu, será la de no mostrar ninguna preferencia y distribuir el mismo afecto y las mismas atenciones para unos y otros. La segunda, está en ser todavía más severo con el tuyo, dado su estatus del niño de la casa, para mostrar el buen ejemplo. Las camaraderías, los celos y las tentativas para tomar el poder serán su día a día. Bajo la mirada indignada de las ofensas, también su sentido de la justicia deberá ser igualmente irreprochable que el del buen rey San Luis bajo su roble.

Los consejos de Mami Corazón

De hecho, por qué no, fijar un horario en el árbol durante las tardes para los niños, a fin de hacer rendir la justicia con gran pompa, arreglando los conflictos en curso. Eso no solo los divertirá mucho, sino que también la ceremonia ofrecerá mucho más importancia al juicio y a la sentencia. En este papel, se vería bien el abuelo rodeado de una corona para la fiesta de reyes y cubierto con una sábana de satín azul.

Puestas a un lado las pequeñas dificultades que podrás resolver fácilmente, los momentos compartidos entre pequeños primos, bajo tu protección, serán para el futuro de la familia el más hermoso y sólido de los cimientos. Incluso, tal vez tus nietos (ya que tendrás varios) perpetuarán la tradición y, de esta forma, mucho tiempo después de ustedes, las puertas continuarán azotando, los balones rompiendo cosas, las escaleras siendo bajadas de prisa bajo un hermoso sol veraniego, en una casa que, sin importar lo que estés haciendo, olerá siempre a moho y a jabón a la hora de comer.

Un papel, en ocasiones, nada gracioso

APERTURA

Desafortunadamente, su nieto no está al margen de cambios (que también serán los suyos…). Divorcios, segundas nupcias, accidentes y enfermedades pueden lastimar el pequeño corazón. Queda en ustedes ayudarlo a cicatrizar.

LA SEPARACIÓN DE SUS PADRES

Hasta ahora, todo iba bien y los dejaba chapotear en el delicioso baño de su aprendizaje de abuelos felices, mostrando una radiante sonrisa y caras de alegría, en cuanto te preguntaban por noticias de la niña de tus ojos. Solo que ya ves, todo pasa, todo harta, todo se rompe y tres de cada cuatro veces, según las estadísticas, la bella historia de amor de papá y mamá, sublimada con el nacimiento de un bebé, termina. La ex joven pareja descubre que se detesta. Son necesarios mucha inteligencia y dominio para vivir este periodo de separación sin salpicar al pequeño con cantidad de reproches y cuentas pendientes, que transforman la casa donde él se sentía tan bien, en una sangrienta arena.

Un día después de la escuela, regresa a su casa y le falta alguno de sus padres. Normalmente, se trata de su papá, porque aún hoy día las mamás son las designadas como guardianes de la cocineta eléctrica, el sillón y el niño.

"¿Dónde está mi papá?", pregunta el pequeño, con una voz que se arrastra hacia las lágrimas. Entonces, la mamá se enreda con explicaciones de adultos, de gente que ya no se quiere, que cada uno vivirá en su casa donde tendrá su cuarto, una semana con uno y la siguiente con el otro... pero como no comprende nada, plantea otra pregunta:

"Pero, ¿por qué ya no se quieren?"

Ahí no hay respuesta que él pueda comprender, ya que todavía no sabe que los abrazos y las risas en pareja un día se terminan. El pequeño experimenta la separación de sus padres, se desgarra brutalmente en dos, como su vida.

Entonces, abuelos, sean magníficos. Ustedes mismos estarán en estado de choque frente a todo ese desperdicio, pero no es el momento de lamentarse ni de vociferar sobre estos jóvenes que tienen hijos sin reflexionar, y se separan por un sí o por un no. Dentro del seguro marco de su casa, allí donde él sabe que nada corre el riesgo de romperse o cambiar, le explicarán la vida de los adultos, con palabras bonitas y cuidadosamente elegidas, para que los comprenda y también para que no le proyecten las imágenes de molestia, caos y rencor, que le ofrecerían ¡una visión muy angustiante de su propio futuro!

Las historias inventadas otra vez resultarán de gran ayuda. Creando personajes imaginarios, lo alejarás de toda su realidad, para platicar sobre los hechos que le conciernen. Durante el periodo de separación, y posterior instalación de cada uno de los padres, hará falta estar muy presentes y tomar al pequeño bajo su brazo, a fin de cambiarle las ideas, animarlo y ayudarlo a aceptar todos estos cambios. Secretamente, esperará durante mucho tiempo que todo regrese a ser como antes: no adopten caras de entierro para decirle que NO, sino háganle comprender que una vida completamente diferente se abre frente a él. De ser lo suficientemente convincentes, procuren valorar las ventajas para llevarlo a admitir que dos casas, dos Navidades, dos habitaciones, dos cumpleaños, una vez con papá y otra con mamá, resultan graciosamente más divertidos... ¡Buena suerte con eso!

Orden de Mami Corazón
(¡Sí, encarecidamente!)

Es necesario decirles a ustedes que si alguno de los dos padres se conduce como el último de los perros amarillos, jamás, pero nunca jamás, diran de él lo más mínimo. Hacerlo resultaría imperdonable y, además, tu nieto te detestaría: para él papá y mamá siempre serán maravillosos e irreprochables.

Los consejos de Mami Corazón

Si en cambio, observas en su comportamiento problemas de atención, una réplica, agresividad, una regresión o cualquier otro signo que refleje su malestar, ciertamente necesita de una consulta con el paidopsiquiatra, lo que, recordémosle, no significa que está loco, sólo desestabilizado frente a las equivocaciones de los adultos, que representan sus referencias absolutas. Los padres, a menudo culpandose entre sí, no dan paso espontáneamente. No dudes en hablar con ellos, e incluso, toma la iniciativa para la primera cita. Después, son ellos los que acompañarán a su hijo, ¡no ustedes!

Si no conocen a un paidopsiquiatra, les aconsejo dirigirse al pediatra del pequeño para que les recomiende alguno, o si no, consulten revistas que redactan artículos relacionados con niños. Generalmente, ofrecen una lista de excelentes especialistas a quienes solicitar algún consejo.

LOS NUEVOS "PROMETIDOS"

Ya se lo había advertido al principio de este capítulo: se acabó el ritmo chapoteante del principio de su historia como abuelos. Ahora, se encuentran en el corazón de la acción más delicada, aquella que consiste en abstraer sus propios estados de ánimo, para ayudar a su pequeño nieto, aceptando las situaciones que permanecen inaceptables para él, como la llegada de algún nuevo "prometido o prometida" en la vida de alguno de sus padres.

En principio, tendrás derecho a una ronda de observación, y hablo con conocimiento de causa, ya que tal vez, antes de encontrar al nuevo hombre o a la nueva mujer de su vida, tu hija o tu hijo, habrán llevado a cabo lo que se conoce como "evaluación", o si lo prefieres, su lanzamiento al celibato.

Y luego, un día, sentirás que atinaron al número correcto y que el "nosotros" remplaza al "yo" en los proyectos. Es muy poco probable que pregunten tu opinión sobre esta elección, y así es mejor: como apenas estás recuperándote de la separación anterior, que te parecía impensable cuando la tarde de su matrimonio firmaste el cheque al portador, tal vez, tu opinión injustamente estará teñida de desconfianza. Por el contrario, el primer involucrado es el pequeño y eso, ¡no está resuelto!

Sino determinante, su papel será importante, ya que en principio, detestarán al intruso o recién llegado "que besa a su padre o a su madre sin cesar y parece ser súper gentil hablándole como a un bebé". Si se trata de una "enamorada", forzosamente será menos hermosa que mamá, su perfume olerá mal, e incluso, no sabrá cocinar almejas en salsa de tomate. Si se trata de un "enamorado", y es muy guapo, una pequeña niña criticará menos, pero un niño no lo tolerará, sobre todo si no juega futbol como papá, tiene un coche feo y no sabe quién es Homero de la familia Simpson.

Sigue el asunto de cerca, ya que puede evolucionar muy rápidamente. En el mejor de los casos, en algunos días presenciamos un viraje total, gracias a la inteligencia y experiencia del nuevo o la nueva, y es el gran amor. No tienes nada en que mezclarte. En el peor de los casos, las relaciones se envenenan, el niño se vuelve odioso con la persona que, de la misma forma, le toma aversión, y el mínimo intercambio entre ellos se torna un conflicto. Los compadezco: no va a ser fácil, ya que hará falta no solo intentar devolver la paz entre los dos, sino también hacer razonar al papá o a la mamá, que reivindican "su derecho a la felicidad y a reconstruir su vida, sin que ese niño caprichoso se entrometa y lo arruine todo".

La tercera persona, presumiblemente tú, debe ser el drenaje por donde el pequeño podrá desahogar su rencor. Si no lo hace espontáneamente, lo que con frecuencia sucede, deberán sacarle hábilmente el gusano de la nariz, para llevarlo a eliminar esos sentimientos que lo devastan, empezando por los celos contra aquel o aquella que le haya "robado" a su mamá o papá adorados.

Las astucias de Mami Corazón

La idea es no meter la pata y abordar este delicado tema con un: "¿Entonces, supe que no te entendías para nada con Leo (o Matilde) y que le hablabas mal?". Esto tendría la consecuencia inmediata de culpabilizar al niño, encerrándolo como a una ostra. Tu nieta o nieto debe sentirlos siempre solidarios y saber que se puede apoyar en ustedes, sin arriesgarse jamás a resultar juzgado. ¿Quién les ha dicho que deberían ser objetivos tratándose de su alegría? En todo caso, yo no.

Durante la gestión de esta crisis, cambia el tono para preguntar: "¿Cómo vas con Matilde (o Leo), me parece haber entendido que tenían pequeños problemas?", puedes tener la seguridad, que inmediatamente va a responder: "es él (o ella), que sólo me ordena", y representa el punto de partida para soltar reproches, que te permitirán medir la amplitud del conflicto. Sobre todo, no le otorgues la razón espontáneamente, cuando percibes bien que su adversario es adorable y hace todo por engatusarlo. Frente a estas recriminaciones, sutilmente ayúdale a reconocer que Leo o Matilde no es tan malo, que mamá o papá se ven más cómodos que antes, que a menudo ríen en casa, que él o ella dibuja súper bien, sabe magia, vuela papalotes, o cualquier otra cualidad con valor para sus ojos. Llévalo con sutileza a reconocer que no es tan desgraciado y que, incluso, papá o mamá, siguen siendo tan cariñosos con él como antes. Se trata de que él descubra, sin que ustedes lo promuevan, todas las razones que tiene para ser más gentil con la persona, y darle un beso de vez en cuando. Es el primer paso costoso...

También, puede suceder que la situación sea mucho más delicada, y que incluso la sospecharás como irremediable, porque el adulto no quiere al pequeño y se trata de un idiota. Sí, discúlpenme, es mi primera mala palabra, pero no veo otra para calificar a una persona de aproximadamente 30 a 35 años, incapaz de querer al hijo de otra relación, ni realizar concesión alguna para que el pequeño lo acepte como remplazo de alguno de los dos grandes amores en su joven vida. En principio, no debería ser tan grave, ya que al tomar conciencia, tu hija o hijo lo enviará por el retrete: 97 % en la elección de una nueva vida, la alegría del pequeño permanece como un elemento fundamental para unos padres, incluso muy cariñosos.

Los consejos de Mami Corazón

No tengo ninguno. Únicamente, estaré tentada a decirte que mantengas tus oídos y tus brazos muy abiertos frente a los conflictos. Es la base de una técnica americana, pomposamente llamada administración de la crisis, pero que yo llamo "el arte de estar ahí, o ser necesario cuando es necesario, discretamente".

SEGUNDAS NUPCIAS

Si eres parte de esos padres con suerte, que tienen o tendrán la oportunidad de vivir dos veces la ceremonia civil, el sombrero y la sortija, entérate de que el segundo matrimonio es infinitamente menos costoso. Termina el castillo, el carruaje, la capilla a la orilla del agua y los amigos de la facultad que acaban totalmente embriagados en las praderas de rosales. Deseamos innovar y, en general, son los futuros esposos quienes personalmente colocan un punto de diferencia, asumiendo los costos de un vuelo en globo, la noche de nupcias en algún destino extraordinario. Pero, ¿qué hacer con el pequeño niño o la pequeña niña en medio de todo esto?

Considero que serán los perfectos abuelos, si proponen a la futura pareja ocuparse del niño durante las últimas horas previas a la ceremonia. De esta forma, preservarás la armonía familiar, evitando que resulte desairado por una mamá o un papá sumamente nervioso para manejar su inquietud o emoción, conforme se acerca un evento del que realmente no comprende la importancia.

Durante la mañana del día D, el atuendo será su gran preocupación. Hay interés en aquello que le gusta... si no resultará graciosamente enfurruñado. Espero que la precaución de hacerlo ensayar con anticipación se haya tomado, sobre todo si se trata de un niño. ¡Los tirantes, una corbata de moño y los zapatos de charol deberán ser descartados, ya que pueden ser arrojados como impensables disfraces para un pequeño que pasa la vida en pantalones de mezclilla, camiseta y tenis!

Con una niña, desde el momento en que algo brille, gire y parezca un vestido de princesa, el asunto está ganado con anticipación. Únicamente, el peinado puede representar un problema, cuando neciamente ¡queremos hacerle un chongo muy apretado o si rechaza tener adornos para el cabello, lo que resulta muy comprensible!

Ese día ustedes deberán ser particularmente protectores pues el pequeño lo necesitará, ya que si es muy joven, no comprenderá por qué no es el rey de la fiesta, y tendrá deseos de ir a lloriquear cerca de su mamá o papá, quienes colmados de champaña y alegría, probablemente van a enviarlo gentilmente a pasear. De ser así, está en ustedes tomarlo en sus rodillas, canalizar sus emociones y llevarlo a un pequeño paseo para divertirse.

Los consejos de Mami Corazón

No lo pierdan de vista: es el día de todas las tonterías y a menudo también de todos los lamentos. Desde los pequeños que se terminan los vasos de alcohol o comen hasta sentirse mal, hasta aquellos que se esconden y se pierden en el bosque circundante, solo por el placer de arruinar una fiesta que no es la suya: observamos de todo durante las bodas.

EL HORRIBLE ESPECTRO DE
LA GLOBALIZACIÓN

A los periódicos les encanta comentarlo, nunca pensaste que algún día la globalización te involucraría personalmente y que sobre el tablero planetario, tus lágrimas llegarían a formar un gran charco.

Por tanto, un desagradable día, sin que nada los haya preparado, por ejemplo, al final de alguna comida a la que hayan sido invitados, con un aspecto tan apenado, que su mirada permanece hacia abajo contemplando los cinco dientes del tenedor, tu nieta o nieto les anuncia su partida al extranjero, a Tokio, a Ottawa o a Pétaouchnock. Su trabajo, su carrera, una promoción, una oportunidad, una mejor calidad de vida... todas esas cosas que vistas desde su torre de marfil, pueden tenerlas aquí. ¡Se trata de la tierra abriéndose bajo tus pies, devorándose tu silla y el bonito traje que estás estrenando!

Entre el escándalo, te enteras aturdido de "que está previsto dentro de dos meses, que tienen un comprador del apartamento, que la pequeña o el pequeño ya fueron inscritos allá en una escuela francesa y que si no tienes inconveniente, colocarán algunas cosas en tu garaje". Y añaden para tranquilizarte "sólo está a ocho horas en avión y podrán venir tan seguido como quieran...". Claro, piensas, ¡a 1 500 dólares por persona, un viaje redondo en clase económica, haremos las maletas!

Sí, este cataclismo puede producirse y la amenaza aplanará cada vez con mayor frecuencia, dado el creciente número de empresas que se globalizan. Después de su curul social en el piso 84 de algún edificio, desplazarán miles de pequeños peones aquí y allá, en función de las necesidades del mercado y los dividendos de los accionistas, muy poco preocupados en saber que del otro lado del planeta, los abuelos se encuentran como viejillos con su perro y su tele, despojados de los amores de su vida.

Esto sin contar con Skype, la linterna mágica de los tiempos modernos, cuya existencia misma te era desconocida, hasta ese día, y que se convertirá en el gesto más habitual de su vida cotidiana. Entonces, no pasará un día sin que a la hora predeterminada, en función del desfase con los horarios, dejen de encontrarse a través de la pantalla con su pequeña familia a miles de kilómetros. Así, su nieto los verá envejecer, mientras que ustedes lo verán crecer a través de este ojo invisible y deformante, que será su única mirada sobre el destino de las vidas convertidas tan lejanas y virtuales como las series estadounidenses. Hasta el momento tan esperado de las vacaciones donde, espero, su pequeño mundo llegará, a fin de recargarse y comer un chorreante camembert con sus abuelos.

Los consejos de Mami Corazón

Rápido, antes de que suceda, crea una empresa familiar de botones con conchitas o de dulces, y nombra a tu hijo o a tu hija, a la cabeza. Al menos, así sabes que no habrá partida al extranjero.

Si no tienes ni las ganas ni los medios, entonces, consigue a la brevedad una computadora de última generación, equipada con todo lo necesario para que puedas estar conectado tanto tiempo y tan seguido como lo desees. Eso existe.

Tal vez, también hará falta recortar algunos gastos inútiles frente a la imperativa necesidad de destinar un capital a boletos de avión, ya sea para viajar o para pagar el avión del pequeño durante sus vacaciones escolares. Esto no representará un gran sacrificio, dado que sólo esperarán esos días maravillosos, donde un gran navío completamente blanco traerá bajo sus alas su más preciado bien...

Un papel a menudo frustrante...

APERTURA

Completamente ocupados en idolatrar a su pequeño, los jóvenes padres, muy a menudo, olvidan que también los abuelos se pavonean de amor, pero se ven restringidos a mendigar su derecho de visita. En el capítulo de frustraciones, revueltas y corazones fuertes, ¡esperen a ser servidos!

LA GRAN ESCENA DEL ACTO VIII

Es un tema que me parece tan importante que he decidido dedicarle todo un capítulo entero. Imprevisible, vergonzoso, rara vez evocado, el gran día se trata del sentimiento de frustración que tuerce los corazones de los abuelos con carencia. ¿Con carencia de qué? Lo van a ver.

Buenamente, han jurado a sus grandes dioses que es falso que somos paranoicos, nunca contentos, invasores y encarecidamente parásitos, los papás de nuestro nieto subestiman nuestro amor y no comprenden que "reclamáramos", sí, que reclamáramos es la palabra correcta, un poco más de su presencia, de sus noticias, de sus besos y de esa infinidad de gestos que nos conmueven, nos acercan a él y nos confirman, ya que a veces dudamos, que muy bien somos sus padres más cercanos, justo después de su padre y su madre. Ellos, desbordados, desorganizados, tienen un terrible problema para administrar su tiempo libre y una tendencia cada vez más extendida a descuidarnos. ¡En lo absoluto por maldad, no eso! Sino porque entre trabajo, transporte, siesta, amigos, gimnasio, cursos, domingos sin poner un pie fuera, o por el contrario, al escaparse a la naturaleza, incluso si nos adoran, ya no resultamos prioritarios. Tal vez, también subestiman la pasión que experimentamos por su pequeña criatura y consideran ser los únicos que lo quieren tanto. Entonces, lo compensan con los correos, los SMS, los MMS, Facebook, y todo aquello que sirve para ofrecer noticias sin la faena de salir de casa...

Nuestros queridos hijos precisamente han olvidado que en este siglo de comunicaciones altamente tecnológicas, como dicen, hace falta un pequeño y trivial elemento: el contacto humano. En fin, lo recuerdan, esa extraña sensación que experimentamos cuando acariciamos la cabeza de un niño, respiramos su olor, pasamos el dedo por sus encías para sentir el primer diente y lo tomamos sobre nuestras rodillas para murmurarle secretos que le cosquillean el oído y lo hacen reír a carcajadas. Completamente engreídos con su nuevo estatus de jóvenes padres, descuidan a los abuelos, ya que la máquina de amar pronto se torna vacía, y cuando osamos hacer la observación, se levantan, nos acusan de exagerar y nos recuerdan que igual no pueden vernos todos los días... Entonces, callamos, pero si lo contamos en silencio, ¡ya tiene exactamente un mes, 12 días y 18 horas, que no los hemos visto!

Esto tal vez los va a sorprender, y qué mejor si no están en ese caso, pero numerosos abuelos "contemporáneos" viven constantes frustraciones, producto de involuntarias puestas a un lado e inconscientes desaires. Debo prevenirlos, dado que los hijos no siempre se dan cuenta del mal que nos procuran alejándonos de aquello que consideramos como la vida de nuestra familia. Necesitamos llevar a cabo pequeños logros informativos, intuir, a fin de saber lo que han previsto para Navidad, mendigar un desayuno dominical y aceptar no ver al bebé más que alguna u otra ocasión, cuando les acomoda. Entonces, poco a poco, bloqueamos nuestros estados de ánimo, porque además, si reivindicamos o alzamos la cabeza, corremos el riesgo de una puesta en cuarentena. Parece que, a veces, tenemos la tendencia a mezclarnos demasiado con aquello que no nos concierne, tener una visión completamente retrógrada o laxista (según el caso) sobre la educación de los niños actualmente, querer invadir su espacio vital, hacer demasiado (intenta no hacer suficiente y lo verás...).

Mami Corazón atestigua

Yo se lo digo, he visto abuelas (reconocibles sobre la marcha), eméritas mujeres de negocios, de un carácter bien curtido, convertirse en verdaderas mendigas, dispuestas a todo para que les permitan la caridad de un día o una noche con su nieto, capaces de ir de rodillas (lo que no solo ➜

➡ resulta difícil, sino también muy doloroso, lo sé, lo he intentado) hasta el lado opuesto de la ciudad para conseguir una pequeña visita entre dos compromisos. Es un escándalo y, además, vergonzoso.

Ya está, voy a hablar como una vieja cabra, pero ni modo: en la situación actual de desintegración familiar y pérdida de valores tradicionales, que antiguamente eran soldadura entre generaciones, deberíamos tener las agallas para golpear sobre la mesa y exigir a los hijos respetar nuestro estatus y nuestros sentimientos. Lo mismo si somos fisicoculturistas, estamos restirados o excesivamente ocupados, aún recorremos la avenida sin ayuda y conducimos nuestro carrito en los embotellamientos, no es necesario pensar que nuestros corazones son el reflejo de nuestra imagen. Se han vuelto frágiles como dos cristales de roca, que una simple lágrima puede quebrar. Los jóvenes padres no tienen la menor idea de lo que experimentamos envejeciendo, y las necesidades no formuladas que tenemos de su presencia, solicitud y amor. Instintivamente, comenzamos a temerle a la vida, al abandono y a la soledad.

Los consejos de Mami Corazón

Yo no lo he hecho, pero te aconsejo intentarlo: desde el nacimiento, definan con sus hijos turnos de guardia, una vez por semana, quincena, o peor, al mes. De esta forma, sin importar lo que pase, tendrán la certeza de ese contacto mínimo, pero inamovible, que les permitirá establecer una relación permanente con el bebé. De vez en cuando, esta relación se intensificará, y al cabo de tres o cuatro años, su pequeño corazón estará definitivamente sujetado al suyo. Ya los veo bebiendo leche a cucharadas, mientras que su mamá contrariada les dirá: "siempre es lo mismo, no podemos contenerlos en cuanto saben que se trata del día con los abuelos…".

¡Un papel que gratifica el ego y cosquillea el corazón!

APERTURA

En fin, ese buen viejo ego que aún te tiene de frente a las pruebas de la vida y del tiempo, pero que se tomará algunos azotes de juventud, sin tomar en cuenta el ajuste de tirantes y las prohibiciones frente a tus comportamientos que les causan "¡una gran vergüenza!".

LA PAREJA DE VIEJOS

Desde un principio, insisto en que pertenecen a una nueva generación de abuelos, que aún son jóvenes, dinámicos, y que teniendo en
cuenta el aumento en la expectativa de vida, aún les quedan de 25 a
30 años, en relativamente buen estado… Sí, excepto que para la generación de nietos, ¡son dinosaurios de servicio y eso hará falta aceptarlo!

De antemano, les ruego disculparme, pero tampoco hay razón para
no pasarla mal. Entonces, voy a entregarte aquello que yo misma des-
cubrí, poco a poco, y que no a diario es color de rosa en la vida de
los abuelos actuales. Nada grave les aseguro: únicamente la suma
de pequeñas frases asesinas, intimidaciones y constataciones de impo-
tencia, que muestran el tamaño de la brecha que existe de por medio
entre generaciones, ¡a defender con tu persona!

Aquello más o menos se te hubiera escapado en la época de tus hijos,
sin duda, porque esencialmente preocupado por su educación y tu vida
que batía de lleno, aún no tenías retrocesos ni dudas sobre el "¿quién soy
y dónde me equivoqué, sueño o duermo? Le dije a Georges" (¡Pero no, no
a George Clooney, él acababa de nacer!). Hoy es diferente, y cuentas con
mucho más tiempo para plantearte las preguntas fundamentales acerca
del tiempo que pasa, de la muerte que se acerca o de la vida que se aleja,
dependiendo de tu pesimismo.

Con el nacimiento del primer nieto, cambiaste de estatus, y no hace
mucho tiempo, te hubieran llamado Tata… Dios nos libre, la palabra ya

103

debería estar muerta. Esto no impide que ahora, salvo que te sobreviva una abuelita de 101 años momificada en su silla de ruedas, seas la mayor de la familia, y cuando nos damos cuenta de ello, ¡nos llevamos un sagrado golpe de vejez en la prótesis dental! Sobre todo, no vayas a pensar que las cosas se arreglarán, bajo pretexto de que la gente abra bien los ojos, mientras orgullosamente anuncias que eres abuela (o abuelo, aunque estas historias de la edad resultan "menos peores" para los hombres, en apariencia y en general).

En adelante, ustedes están en posesión de un pequeño pedacito de hombre o de mujer, que los hará vérselas negras en lo más secreto de sus ilusiones, ahí donde tu feminidad aún se bate contra el tiempo. Entérate qué devastador, después de un tiempo no se le escapará ninguna ocasión de recordarte inocentemente hasta qué punto tu edad y la suya sólo tienen un punto en común: el pastel de cumpleaños con chocolate y merengue al interior que adoran ambos. ¡Sería un error culparlo! Tú tienes un estatus de abuela, y desde la altura de sus tres, cuatro, cinco o seis años, una abuela es increíblemente vieja: y esto, créemelo, para una mujer que todavía se considera en su mejor forma, es duro. Mientras te prepares valientemente para afrontar el día que ese pequeño o pequeña tomará la piel de tu rostro con su pequeña manita y te dirá con voz un tanto triste:

"¿Crees que algún día seré vieja como tú?"

Adiós Botox, ácido hyalurónico, hilos tensores, y todos los sueños de eterna juventud a 1 500 pesos el frasco. El pequeño viene de arruinar la fe que tenías en ellos, hasta el punto de que los prefieres frente a una inversión un tanto igualmente eficaz para el color y mejor para la moral: un Gevrey Chambertin.[1]

"Sí, un día serás vieja como yo, todo el mundo envejece, y además, para empezar, me molestas con tus preguntas".

Te apuesto que esa noche te observarás diferente frente al espejo. Tal vez, también descubrirás, por primera vez, el verdadero rostro de la abuela, con algunas arrugas, sus primeras distensiones y la suave vulne-

[1] Vino francés que se produce al sur de Borgoña.

rabilidad que se devela, ahora que, de hecho, no siente la seguridad en su poder de seducción.

Los consejos de Mami Corazón

Entre nosotras lo podemos confesar: convertirse en abuela jamás ha alegrado a nadie, incluso, estando loca de alegría. Nos consolamos, diciendo que eso también le sucederá a Demi Moore o a Carol Bouquet, espera a ver la cara de algún tipo, nada mal, que te proponga "ir a tomar una copa", cuando le digas que eres la abuela de un encantador pequeño... sí tengo un pequeño consejo para darte de cara a esta determinante etapa, con el fin de preservar tu estima en ti y en tu apariencia, cada mañana, antes de salir, debes repetir:

- La vida es maravillosa.
- Has perdido dos kilos.
- Tu marido o tu amante aún te desean, y recíprocamente.
- Tienes algún suéter completamente nuevo que espera por tí.
- Aún cuentas con tus padres y están bien.
- La primavera es en 15 días.
- El pequeño nódulo bajo el brazo que te inquietaba tanto es benigno.
- Ayer en el tenis le ganaste a una chica de 30 años.
- Etcétera.

Enumera todas las razones para alegrarte de tener tu edad, de ser feliz, con buena salud, y de aprovechar completamente la alegría de ver crecer a tu nieto. Después de todo, en 20 años, dirás que todavía eras alegremente joven a los 60...

LAS PROHIBICIONES

Cada época en la historia de la humanidad ha conocido tiranos, y después de los emperadores romanos, hasta los más recientes exterminadores étnicos, hombres y mujeres han pagado un alto precio por el error de no haber nacido en el lado correcto, diferente según las épocas y las corrientes de pensamiento. En lo que se refiere a los abuelos, de

ayer, de hoy y de mañana, una banda de mini tiranos los ha hecho doblar-
se toda la vida bajo el peso de sus dictados y prohibiciones.

Para ustedes, los abuelos y las abuelas...

Ustedes, que justamente creían haber conquistado el derecho de vivir
a su gusto, de pensar y actuar libremente, de ofrecerte el automóvil azul
cielo de tus sueños, de usar faldas gitanas, de fumar un buen puro de vez
en cuando, de aprender la danza oriental, de hacerte un corte a lo Sharon
Stone, de partir en una casa rodante, de tener tres perros o de ser volun-
tario, sí, ustedes, entérense de que en el instante que su nieto comprenda
que la humanidad se clasifica en cajas preetiquetadas, según la marca de
los pantalones, la apariencia, el dinero, y que la mirada de los demás es
su peor exterminador, estarán sometidos a sus reglas.

Aquello deberá comenzar en los primeros años de la educación pre-
paratoria, cuando mientras caminan por la calle, soltará tu mano en cuanto vea a un amigo o amiga. Estará entonces, en plena construcción de su
identidad, y ahí ustedes incomodan... de hecho, sus padres también, ya
que está dispuesto a negar a la familia entera si "esta le da mucha pena",
haciéndose tratar por sus compañeros como "bebé" o como "un cero a la
izquierda" durante el recreo.

¡EL ASPECTO QUE (LOS) MATA!

Nietos y nietas tienen puntos comunes y de divergencia con respecto
a sus prohibiciones, aunque tratándose de ustedes, adoptan las mismas:
no deberán parecer "viejos en onda".

"Viejos en onda", es decir, ridículos y excesivos en su ritmo y comportamiento. Si toleran (y digo, bien toleran) que su madre use pantalones de mezclilla ajustados y acampanados, escotes cortos y lápiz labial
carmín, valga decir que ¡no tienes interés en representar la mitad de una
cuarta parte de eso! Vístete y maquíllate como lo haces cotidianamente,
pero cuando te reúnas con tu nieto, o más aún, cuando vayas por él a la
escuela, ahí frente a toda su clase, nada debería diferenciarte del poste
de luz o el color de la banqueta.

Los consejos de Mami Corazón

Según mis observaciones, escondida tras los botes de basura, a la salida de las escuelas (desde luego que no, bromeo), el atuendo ideal de abuela en representación consiste en:

* Un impermeable, con una falda y una camisa, de manera que estrictamente no hay nada que decir.
* Unos zapatos marrón, feos pero casuales.
* Una mascada (de seda falsa o verdadera), impresa a la manera H (¿si escribo completa la marca, crees que me ofrecerán algo?), alrededor del cuello con buen clima, en la cabeza si te agrada.
* Una bolsa al hombro, sin marca visible, una bolsa básica, que no haga ruido ni brille.
* El cabello recogido o impecablemente peinado, pero en ningún caso un estilo alborotado tipo Britney Spears...
* Y el maquillaje, olvídalo si es embellecedor pero muy notorio: no es ni la hora ni el lugar para el glamour.

Su abuela debe parecer una verdadera abuela, en una expresión es todo. Pero, si quieres más explicación, sólo puedo decirte: el aire de una persona respetable, desprovista de seducción, que no bromea con los compañeros ni compañeras, y que sólo le pertenece a él.

Mientras que el abuelo puede hacer mecánica y jugar al "viejo encantador" (esto según...), incluso a la salida de la escuela, sin que esto incomode sus queridas cabezas. Mejor dicho: están muy orgullosos de tener a un abuelo que hace muecas por la espalda, habla alto, utiliza anteojos con armadura roja, graciosas corbatas, toca el claxon asustando a los peatones y, frente a sus compañeros asombrados, levanta a su nieta o nieto con un solo brazo, ¡es tan fuerte! Es bastante injusto, lo sé.

Aunque, tal como te conozco, no soportarás mucho el lado de abuela abnegada, y llegará el día cuando, para salir con tu nieto, tendrás ganas de ponerte el pequeño saco rojo, que va tan bien con la boina combinada y los zapatos de tacón de aguja, completamente insensatos, pero que te encantan y te costaron una fortuna.

Las pruebas de Mami Corazón

Para no indignar a la abuela, te ofrezco cinco segundos, a fin de descubrir qué palabras eliminar del párrafo anterior.

5, 4, 3, 2, 1, 0, se acabó.

Las palabras son: rojo, boina y zapatos de tacón de aguja.

Explicación de texto: que utilices un saco rojo apenas pasa bien ese color para tu edad, y da un poco la idea de Caperucita Roja pero que lo combines con una boina, eso sí, ni siquiera lo pienses. Ya te lo he de dicho, además de la mascada H o a la manera H, para las épocas de lluvia, nunca nada debe cubrirte la cabeza. El pequeño, niña o niño, detesta todos los sombreros con los que tal vez se encuentra lleno tu guardarropa, pero que para él, representan los símbolos de la no conformidad, o sea, la ridiculez, fuente de las bromas de compañeros y compañeras.

Nuevamente, otra injusticia, el abuelo podrá lucir una gorra completamente fuera de moda, un moderno sombrero de vagabundo o una boina vasca, sin llevar a la mínima reflexión, mientras que tú no te salvarás de los comentarios:

"Está muy feo tu sombrero, abuela, ¿no te lo dejarás en la cabeza, eh? No te va bien".

Y entonces, venga, báilate ese trompo en la uña, sobre todo que lo demás no tardará, a propósito de los zapatos...

"¿Y qué onda con tus zapatos? Cualquiera diría que temes romperte la figura cuando caminas: ¡Lo haces con pasos tan pequeños como los de un pollo! No es agradable cuando son tan altos".

Mientras que lo pienso, también cuida jamás evidenciar todo aquello falso que pudiera existir en ti: uñas, nariz, cirugías, impensables senos y todo aquello que mejorando o empeorando, ofrece a las mujeres la ilusión de conservar su atractivo a través de los años. Aquello que es falso sobre ti, también lo es en ti, según la percepción de absoluta integridad que un pequeño tiene de sus abuelos. Lo quieras o no, implica aceptar tu idea de irreprochabilidad, ya que a los cinco años qué peor engaño podemos imaginar de una abuela, la suya en este caso, que colocándose "cosas falsas".

¡NO, NUNCA EL DEDO DE LA GROSERÍA EN EL AUTOMÓVIL!

De nuestra época a lo que veo hoy en los medios que frecuento, la raza de abuelas con el trasero apretado y bendiciones está en vías de extinción.

Las "jóvenes abuelas" son muy activas, tienen un semblante fresco, porque bien lo valen, salen y viajan con su grupo de amigas. Incluso, a veces, se cuentan historias de amor y continúan luciendo muy femeninas, a pesar del espectro de la menopausia con el que las bombardean, sobre todo en la radio, con los repetidos anuncios de trucos y aparatos anti-vientres inflados, incontinencias urinarias y otras cosas desagradables para una mujer que hubiese alcanzado este fatídico periodo, de acuerdo con los publicistas a cuyas madres y esposas compadezco.

Ignorando la imagen de dignidad que su edad y que el nuevo estatus deberían imponerles, algunas siguen comportándose como muchachas libres, sin olvidar jamás que fue su generación la que luchó por el derecho al aborto y la anticoncepción. Sí, se trata de esa generación, la nuestra, que permitió a las mujeres flanquear valientemente el largo y difícil recorrido que va de la esclavitud hasta el dedo de la grosería, agitándose en dirección de algún automovilista macho que nos trate de "mal amadas" haciéndonos una señal obscena (todo porque nos hemos detenido un poco frente a una vitrina).

Entonces, un día, y en mucho menos tiempo de lo que imaginas, tu nieto te juzgará. No con respecto a tus valores fundamentales, sino sobre esos comportamientos cotidianos que te parecen triviales y que a sus ojos resultan inaceptables tratándose de su admirable y adorada abuela.

Las prohibiciones de Max

Delante de él, no hago jamás de los jamases:

* El dedo de la grosería.
* Santiguarlo.
* Tomarlo de la mano en plena calle.
* La borrachera de una tarde divertida.

En compensación cuando te dé la espalda…

LA INEVITABLE QUERIDA
Y MALDITA COMPUTADORA

* ¿Hablas ocho idiomas?
* ¿Eres un reconocido artista en el mundo entero?
* ¿Posees los viñedos más prestigiosos de Bordeaux?
* ¿Has tenido una brillante carrera en las finanzas, la arquitectura, la magistratura o la enseñanza?

Todo esto resulta insignificante y sin valor, es decir, excremento de pájaro, o sea, menos que nada, si paralelamente no son capaces de ayudarse con una computadora, que es para los niños de hoy, apenas salidos de sus pañales, lo que el trompo o el juego de té fueron en tu juventud: un juguete común, fácil de manipular y confiable para invertir horas y horas en una relación pasional con una "máquina plástica", llena de teclas y sonidos extraños. Salvo que antes de girar el trompo o servir granos de arroz con salsa de piedras en un pequeño platito, no era necesario haber aprendido de memoria el abc de la informática de gran utilidad para los abuelos, quienes hasta entonces habían logrado mantenerse al margen de esta máquina infernal, con el pretexto de no "necesitarla" para escribir, contar y saber la fecha de nacimiento de Luis XIV.

No intenten sustraerse: no escaparán más, a menos que estén dispuestos a aceptar pasar por despiadados anticuados, ante los ojos de su nieto, que no puede imaginar ninguno de sus días sin el mínimo clic. No solo vivían tranquilamente sin computadora, sino que también estaban encantados con su televisor de hace 10 años, con su teléfono inalámbrico y con su vieja cámara fotográfica, que funcionaba con rollo, de la que nunca comprendieron a qué correspondían las ASA, pero que sacaba fotografías que pegaban en verdaderos álbumes para hojear en familia.

Ahora, amigos míos, será necesario actualizarse ¡y pronto! Entre el día del nacimiento del niño y la fecha límite de su aprendizaje, teoría y práctica incluidas, sólo dispondrán de cuatro cortos años, lo que no resulta gran cosa, tomando en cuenta su nivel cero. Consideren todo lo que van a descubrir y a asimilar, bien o mal, durante esos cuantos años, aquello que prácticamente es innato en su nieta o nieto. ¡Y no vayas a pensar que se debe a una mayor inteligencia que la promedio! Es sólo que la informática ahora representa un sexto sentido. No me pregunten por qué; lo constato, es todo.

La primera etapa, desde luego, es salir a comprar una computadora en alguna tienda especializada, y prepararse para afrontar el condescendiente aire del joven vendedor, que les hablará como a un retrasado, utilizando expresamente palabras que jamás habían escuchado. Mantengan la calma, hay que pasar por ahí.

Los consejos de Mami Corazón

(Que se ha volcado en la harina)

Ve acompañada, no por tu pareja, con la que seguramente discutirás, dado que supone conocer esto mejor que tú, sino con tu hijo o hija, considerando que cualquiera de ellos es capaz de evaluar tu nivel de incompetencia, ¡así como tu potencial de adaptabilidad! El vendedor de cómputo es un ser astuto, en el que una persona como tú no debería confiar en lo absoluto: te ve llegar de lejos y, aunque no evidencies tu edad, olfatea la pera lo suficientemente madura para ¡aplastarla entre sus retorcidos dedos!

No olvides nunca que atrás de un vendedor de computadoras, siempre está escondido un vendedor de ADSL, cámaras fotográficas digitales, teléfonos con pantallas táctiles, bluetooth, pantallas de plasma HD, y mientras estamos ahí, de GPS —me ocurrió y con uno de los mejores—.

Una vez instalada la famosa computadora, no vayas a pensar que las seis páginas de explicaciones en el manual del propietario te permitirán dominar la diabólica máquina, que sólo has logrado encender para luego apagar. Aún así, será necesario un entrenador personal al principio, cuando perteneces a la raza de los superdotados, y durante largos meses cuando perteneces a la raza normal de los ¡"apenas pasables"!

Los consejos de Mami Corazón

Para este entrenamiento computacional, evita a cualquier precio miembros cercanos de la familia como hijos, hijas, sobrinos, sobrinas: hemos visto padres desheredando a sus propios niños, debido a historias sombrías con vínculos de hipertextos, división de celdas y autoformatos

... y esto, sin contar las puertas azotadas, ni los ataques de ira del entrenador familiar, frente a la mirada perdida de su pariente, acusada de poca voluntad, porque después de horas y horas de explicación, aún no comprende que "escritorio" no se refiere a un mueble de madera, sino a una pantalla sobre la que acomodamos los archivos, los documentos y la barra de herramientas...

Especial para el abuelo

Un saludo especial a los abuelos, que generalmente, son más abiertos o están más habituados a la informática. Aparentemente, existe en el cerebro masculino, incluyendo el de los sexagenarios, un programa de acceso directo a las bases de datos, para las que el cerebro femenino resulta hermético. ¡Bravo, muchachos!, pero sepan que nos empezamos a interesar.

Finalmente, después de tanto y tanto esfuerzo, te familiarizas, que digo, dominas tu computadora. Tal vez, incluso, sientan una cierta ternura hacia él. Tus nietos siempre pueden alardear, ahora estás en posibilidades de competir con ellos, sin escucharlos decirte ceceando: "Abuelos, no es ahí donde hay que presionar, ya borraron todo. De ser siempre así, ya no juego más con ustedes. Finalmente ¡no es gracioso!"

Lo que ignoran todavía, pobres de ustedes, es que en esa sencilla computadora, podrán observar una decena de tomas con diferentes tamaños, y van a conectarse a cosas de las que no tienes la mínima idea. De Navidad a cumpleaños, descubrirás que a cada una de esas tomas corresponde la etiqueta de una nueva invención, que bajo nombres japoneses o estadounidenses, ¡cambian de número cada dos años! A razón de $ 10 000 la novedad, no solo contribuirán a inflar el valor de las acciones bursátiles de estas ya riquísimas marcas, sino que también les hará falta aprender a utilizarlas. Dicen que algunos abuelos lo encuentran placentero. ¿Pero cuántos otros sufren silenciosamente y batallan sin convicción contra estos innobles monstruos sanguinarios, que únicamente pueden concebir los torcidos espíritus en Silicon Valley u Osaka? Sin embargo, es el precio al que podrás mantener la cabeza en alto y considerarte como uno de los abuelos que practican las actitudes modernas.

Aunque cuando hablo de precio, aún no aclaro el costo global de la inmersión informática, que vas a cubrir primeramente a fuete limpio, después, como un lento goteo, conforme la pequeña o el pequeño crezca, hasta convertirse en el adolescente exigente y ceñudo del que ni siquiera sospechabas la existencia.

Entérate de que una computadora pasa de moda mucho más rápido que un suéter, y es necesario cambiarla cada cuatro años. Para los juegos de video, ya los he puesto al tanto, pero el futuro, sin duda, nos reserva nuevas sorpresas. Entonces la pantalla de plasma se va a imponer, después serán señalados por no tener el último teléfono celular con televisión incorporada y luego, ¡surgirán el aditamento y la máquina que les conectas! ¡Así será la escalada, siempre más, siempre mejor, comprar, volver a comprar, solo para hacer brillar los ojos de tu joven tirano, y tener la certidumbre de que vendrá a tu casa con gusto, sabiendo que ahí encontrará lo mejor de lo mejor, la alta tecnología con la que sueñan él y sus amigos, y cuyos padres ¡tal vez no tienen manera de ofrecérsela!

Los consejos de Mami Corazón

Francamente hablando, no tengo un consejo que ofrecer, ya que hasta ahora considero haber llegado muy lejos en la materia y he superado mis límites de competencia informática. De cualquier forma, pienso que por querer "lograr" mucho, corremos el riesgo de alterar nuestra verdadera razón de ser en el corazón de nuestros nietos. En esta sociedad tan materialista, ¿no tenemos otros valores que defender, más allá de un iPod, iPhone o un i... no sé qué? ¿Qué quedará de nosotros en sus recuerdos, si nuestro papel se limita, para que aprecie nuestra compañía, a compartir con ellos esos costosos y efímeros juegos que olvidarán tan rápido como una visita al museo, o incluso, cuando los sorprendiste al llevarlos de viaje de fin de semana?

Según el buen y viejo adagio "Haz lo que digo, no lo que hago", porque ya estoy en el PS3 (¡Los iniciados comprenderán!), todo ello amerita una reflexión sin contrariarnos con valores tradicionalistas. Tal vez sea momento de moderar la inflación tecnológica, transformando nuestras salas en estaciones espaciales y relacionándonos con la joven generación por conexión bluetooth. Querer estar "a la moda" es tu decisión, únicamente pienso que no es necesario sumergirse en el exceso, pues se corre el riesgo de que se venga abajo nuestra misión.

UNA EDUCACIÓN A LA HÁGALO
USTED MISMO, ES DECIR,
"NO IMPORTA QUE, NO IMPORTA CÓMO"

Dolto:[2] ¡Ese nombre resuena alegremente en el paraíso de los niños propios, y educados según los principios pedagógicos, reservando un lugar privilegiado para escuchar, dialogar y respetar su joven personalidad! Pero, ¿sospecharía entonces lo que se volvería la vida cotidiana de los actuales niños, donde muchos regresan solos de la escuela a los 10 años, realizan sus tareas, descongelan una pizza en el horno de microondas, y se la comen prácticamente con todo y el cartón frente al televisor, porque los padres trabajan, e incluso regresan muy tarde para cenar con ellos?

Sin embargo, es el banal modelo de sobrevivencia del niño en el medio hostil de nuestra sociedad, donde el círculo familiar ha crecido tanto que se ha roto. No hay tiempo, mucho trabajo, preocupaciones de dinero, los padres no mantienen a sus hijos al margen de los problemas de adultos, y los entrenan junto con ellos para forjarse en lo que llamaré la "soledad organizada". Se sorprenderán de ver hasta qué punto los pequeños pronto se vuelven mayores. ¡Qué lástima!

Ya que es oro su papel de abuelos, ¡es el momento de pulirlo! En principio, ya no debes seguir luchando al frente de tu carrera profesional, estás más tranquilo y disponible que los padres, entonces, en principio, depende de ti aceptar la misión de llenar esos momentos de soledad, y preservar el espíritu infantil de tu nieta o nieto.

Incluso de oponerse a la forma, cerca de ustedes deberá sentirse protegido, pero dirigido. Que lo quiera o no, para él es esencial saberse colmado de amor, seguro, pero también con ciertas reglas y valores de vida. Un ligero enfoque pedagógico "a la antigua" le hará mucho bien. Sin que te coloques en la piel de sus padres, ni en la de un censor, represor, corrector y dador de lecciones sin cesar, vas a aprovechar las vacaciones, los fines de semana y los pequeños momentos donde estarás solo con el pequeño, para llevarlo a descubrir, como si nada, que existe una vida sobre todo cariñosa, más allá de la tele, la comida rápida, las banquetas para jugar y los padres que los quieren más que nada pero que a menudo confunden educación, pasión y precipitación.

---

[2]Francoise Dolto (1908-1988), médico pediátra y psicoanalista francesa, famosa por sus descubrimientos en psicoanálisis infantil. (N. del E.)

EL PESO DE LAS MARCAS,
EL SHOCK DE LA ROPA

Ahora, pasemos al capítulo más ligero de la vestimenta, no por ello insignificante para los padres, ni para los niños, ni para los abuelos, que como tales, sólo tendrán un derecho: el de callarse.

Luego de conocer el éxtasis durante los primeros meses, con desbordadas compras de ropa para bebé, que los jóvenes padres descubrieron maravillados, una cierta forma de desencanto se ha apoderado de ti en los primeros pasos. En efecto, poco a poco, te has dado cuenta de que el pequeño nunca utiliza los atuendos que tiernamente has elegido pensando que él o ella se vería encantador(a) en ese adorable vestido o esa pequeña camisa de terciopelo azul marino con blanco. Para empezar, lo colocaste en la cuenta de la casualidad, después, un día sin poder más, tocaste el tema y cuidadosamente le planteaste la pregunta a los padres:

"Es extraño, pero nunca lo veo usando la ropa que le he comprado. ¡Y es bonita!"

Entonces, mirada molesta, y respuesta avergonzada de los padres:

"Te lo voy a decir, pero no lo tomes a mal, si te fijas, no nos gusta mucho ese estilo. Preferimos vestirlo de manera súper fresca, pantalones de mezclilla y tenis, para nada el estilo de un niño modelo...".

Y bueno, digiere eso.

Si haces un cálculo rápidamente, lo que no es tu estilo, te darás cuenta de que durante algunos meses has invertido una pequeña fortuna que descansa en el fondo del armario, esperando terminar en un bazar tras la próxima limpieza general. Además, descubres, según lo no dicho por tus nietos, que tienes mal gusto y para nada estás a la moda. Sin embargo, ¿no te parecía descabellado querer vestir a una pequeña niña como pequeña niña y a un pequeño niño como pequeño niño, no? Bueno, pues sí. Grábate en la cabeza que la moda infantil según tus códigos y recuerdos ya no existe. Hemos pasado al uniforme sin color y sin forma.

Después del día en que se mantenga de pie y hasta muy avanzada su vida, un niño no utilizará más que:

- Pantalones de mezclilla (de una determinada marca).
- Tenis (de una determinada marca).
- Playeras (de su equipo favorito de futbol).
- Suéteres con capucha (de una determinada marca).
- Gorras de beisbol.

Un poco diferente para la niña, a quien pudiera no gustarle de este tipo de cosas, con frecuencia entre los cinco y seis años de edad —sin piedad para la gentes con gusto— la vemos balancearse en el mundo de Barbie^{MR}, y puede rodar por tierra gritando ante la idea de ¡no usar la falda que brilla, su chaqueta rosa bombón y su precioso gorro con encajes y flores de plástico, para el regreso a clases!

Acerca del tema del aspecto en general, por un momento podemos hablar del peinado, que puede resultar aún peor que mi recuerdo cortando arbustos. Para los muchachos, probablemente tengas el derecho, según la sensibilidad de los padres y el talento del peinador-masacrador, a un corte excéntrico, a un rapado con una cola trenzada en la nuca, al peinado de algún futbolista o al cabello relamido con gel, tipo amante latino.

Las pequeñas niñas, salvo aquellas que participan en los concursos de Miss Bebé, no usarán los ridículos caireles sobre su frente. Aunque adoren el cabello largo, constantemente se encuentran mal peinadas, con el fleco en los ojos, o con elásticos que sostienen (y arruinan) su cabello en una cola de caballo, de ratón o en colitas. Raros y afortunados son los abuelos que orgullosamente exhiben una pequeña niña con un impecable corte cuadrado que le va muy bien.

En resumen: mientras te paseas con tu nieta o nieto, deberás aceptar con la cabeza en alto, que usan ropa de marca muy precisa y visible, un peinado en ocasiones impredecible, y actuar como si todo ello fuera también de tu elección, especialmente, mientras soportas la burlona sonrisa de tu aristócrata vecina.

Los consejos de Mami Corazón

¡Me estremezco imaginando la clase de abuelos que tomarían la iniciativa de llevar con el peluquero al pequeño o a la pequeña! Los padres jamás te lo perdonarían y correrías el riesgo de ser despedido.

En cuanto a la ridiculez de la ropa y los accesorios, estos primeros años no son nada, comparados con la amenaza que tendrás hacia los 13... Observa a tu alrededor y convéncete de que esto posiblemente aún será peor que las mangas, los grunges, los destructores, lo sangriento, lo gótico, yo paso y sin duda. Entonces, el único consuelo será saber que los papás, igualmente rebasados, ¡sufrirán tanto como ustedes!

Pero a los hechos, ¿cómo eras tú a esa edad? Los primeros pantalones de mezclilla aparecían, al mismo tiempo que los abrigos con gruesa tela de lana, y todavía observas la mirada consternada de tu mamá, que te encontraba vestido como el as de espadas...

Un papel colocado sobre la alta autoridad paternal

APERTURA

Contenerte frente a tus hijos jamás ha estado en tu naturaleza. Por tanto, será necesario colocarte y aceptar la dura ley de la vida: son sus padres quienes deciden. No sus abuelos. ¿Está bien?

¡ATENCIÓN CON LAS ONDAS DE CHOQUE!

Recuerdo como si hubiera sido ayer, a una abuela (era yo) esperando a su pequeño nieto de tres años en el restaurante, cuando lo vi entrar, orgullosamente de la mano de papá y mamá, con el cabello cortado como arbusto. Una semana antes, había dejado a un encantador ángel de rostro auroleado con rizos rubios: para encontrarse a un joven teutón con la mirada de acero y las orejas ligeramente desplegadas, al que sólo le faltaba el pantalón de cuero para cantar aïli aïla. Iba a soltar un grito, pero lo reprimió acordándose que estaba en un lugar público. Así que la sorpresa fue tal, que surgieron lágrimas en sus ojos.

Acababa de darse cuenta de dos cosas: la primera, que en efecto tenía las orejas desplegadas, y ella jamás se había dado cuenta antes, y la segunda, para nada insignificante, era que también, en efecto, sólo tenía un papel secundario en la vida de este pequeño, ya que sus padres podían hacer con él lo que quisieran, colocándola frente al hecho consumado. De hecho, a la pregunta:

"¿Pero cómo pudiste hacer eso?"

La respuesta fue:

"Hace calor, y creemos que es mejor para él, además, desde hace mucho tiempo teníamos ganas de saber si le queda ese corte: ¿Por qué no te gusta?"

Sobre todo, no respondas a esta provocación, o más bien sí, pero dentro de ti, para aliviarte:

"Vayan a mostrarse tú y tu amigo Fritz. Hagan lo que mejor les parezca, después de todo no es el mío, pero sobre todo no me soliciten ayuda el día que me necesiten para llevarlo a la escuela peinado de esa forma".

Esto, para prepararlos, queridos abuelos, ¡tiene muchas contrariedades frente a los modos educativos y las extravagantes ideas de los padres de su querido nieto!

NO DEBISTE

Al leer estas páginas, probablemente hagan la reflexión de que las principales dificultades de fondo encontradas por los abuelos durante su aprendizaje, no forzosamente surgen de los nietos, sino de sus padres. Es también lo que lamentablemente constaté, y el tema que estoy abordando no nos llevará a cambiar de opinión, ni a ti, ni a mí. Efectivamente, se trata de exenciones de amonestación y reproches con los que, generalmente, nos bombardean los jóvenes padres.

Si han seguido los consejos de Mami Corazón al pie de la letra, tienen el derecho de pensar que son abuelos nuevos y ejemplares, irreprochables, siempre ahí cuando se les necesita, y sin estorbar cuando no hace falta. Y lo son… salvo por los padres que no cesan de acusarte de transformar a su pequeña y extraña perla en un niño echado a perder, que pasa algunos días o incluso algunas horas con ustedes. Examinemos los hechos tan objetivamente como sea posible.

Según ellos, después de las vacaciones, no logran hacerlos obedecer: rechazo para acostarse a las 20:00 horas, gritos cuando les prohíben algunas probadas de baguette antes de la comida, nuevos caprichos con la pizza de salchichón, y enfurruñamientos con poco que elevemos la voz.

Pero, ¿entonces qué hicieron?
Yo sí lo sé

Estaban tan contentos de tenerlo únicamente para ustedes durante las vacaciones, que deliberadamente echaron al armario todos mis consejos. De común acuerdo con el abuelo, decidieron hacerse a un lado y jugar a los abuelos de ensueño, dejando a papá y mamá las pesadeces de la disciplina. Ninguna duda, comentaron, para que la pequeña o el pequeño no conserve un recuerdo maravilloso de sus abuelos, con los que durante las vacaciones todo es posible, contento y bañado de ternura, sin regaños ni castigos. Estaría tentada a decirles que han hecho bien, ¿pero es suficientemente razonable? Ese pequeño enano ha detectado rápidamente las fallas que fisuran a los adultos, y las tuyas en adelante le son familiares: aquello que toleres una sola vez, se convertirá en logro y, de retractarte, se te solicitará compostura.

Entonces, evidentemente, las críticas paternales son recias. Por lo general, al día siguiente del regreso, después de que el niño les ha hecho pasar una noche de pesadilla:

"Ustedes son completamente irresponsables, así no se educa a un niño, echan por tierra todo nuestro esfuerzo en 15 días, aumentó tres kilogramos, es infernal, tiene un capricho cada dos minutos, y además qué son esos juguetes idiotas que hemos encontrado en su maleta, de ser así ya no se los confiaremos más y blablablá…"

Porque aún así, pensarás tú, hemos hecho aquello que suponíamos debíamos hacer. No somos padres golpeadores, y las vacaciones con nosotros sirven para relajarse. Al regreso, será un buen momento para reencarrilarlo, oh, y además: lo esencial es que el pequeño haya tenido unas buenas vacaciones con los abuelos. Y sobre todo, ¡que quiera regresar el próximo año! Es disparatada esa necesidad que tienen los abuelos de ser amados. ¡Los sentimos dispuestos a todo!

Los consejos de Mami Corazón

Me doy cuenta de que, una vez que me volteo, finalmente ¡mis consejos no sirven para gran cosa! De manera que nada vale una experiencia verdadera y sé que me escucharás si te aconsejo modular progresivamente los excesos de la primera vez. Sí, en efecto, le has autorizado lo impensable, cuando somos adultos dotados de razón, es decir, comer dulces y papitas durante una cena, no se lo niegues de inmediato, sino que propónselo a su gusto, un día uno y otro día otro, y si realmente los desea al mismo tiempo (los niños tienen gustos extravagantes y alucinan-

➡ tes), disminuye las cantidades a la mitad y luego a la cuarta parte, hasta el día en que remplazarás ese innoble magma por un buen pastel de la abuela, con dulces decorado.

Ahora, reconoce que verdaderamente estabas equivocado al no acostarlo a las 20:00 horas, como lo habían señalado sus padres en la ficha de recomendaciones. Claro que las veladas con él jugando Turista^MR o viendo algún programa de televisión fueron deliciosas, pero será necesario reacomodar las cosas, y para ello: ¡Astucia, siempre astucia! En lugar de discutir que efectivamente esta noche pasarán la enésima difusión de algún programa, haz una cara de consternación para anunciar que solo hay documentales en todos los canales, y que tú y el abuelo van a hacer crucigramas. Deseará quedarse un rato con ustedes, es normal, pero como se aburrirá pronto, será sencillo acostarlo, contarle una pequeña historia y observar los nacarados párpados cerrándose sus hermosos ojos bañados de sueño. Al día siguiente, bastará con descomponer la tele, y no habiendo encontrado al técnico en tres noches, habrá regresado a sus buenos hábitos. ¡Evidentemente, esperarás a que duerma profundamente para encenderla! En cuanto a los juegos de mesa, serán reservados para las tardes un tanto aburridas.

Muchos abuelos no se perderían por nada del mundo su programa favorito. De pronto, durante las vacaciones, el pequeño también lo ve y termina adorando al conductor, este gracioso animador que se agita en todos sentidos y estira mucho el brazo para leer sus fichas. En mis tiempos, mi hija experimentaba el mismo interés... entonces, mi consejo es no privarse del placer de su programa favorito (cualquiera que sea), dado que los jóvenes padres se encargarán de que rápidamente lo olvide.

EL AGOTAMIENTO

Aún son deportistas y tienen razón. Entre las reglas higienico-dietéticas de los cardiólogos, reumatólogos, neumólogos, diabetólogos, no, nunca mencioné geriatras... el deporte es una recomendación primordial para el corazón, los pulmones, las articulaciones y todo aquello que desfallece a partir de una determinada edad. ¡No hay más! La práctica regular de una actividad deportiva también es el único medio de mantener el ritmo, así sea un día con tu pequeño buen hombre o tu pequeña buena mujer. ¡Es un placer observar su buen estado! Sus piernas corren sin interrupción de arriba abajo, de izquierda a derecha, afuera, adentro, por doquier, y de preferencia, cerca de una escalera o por la orilla de algún lago. Sus manitas tantean todo lo que encuentran y Dios sabe que los adornos pequeños no faltan en tu casa, en particular esta bonita colección de botellas con licor Napoleón III, gravemente amenazada de sufrir destrucción masiva.

Un niño feliz juega, canta, grita, corre y reclama tu atención en todo momento. Tiene hambre, luego sed, quiere salir a caminar, suelta tu mano en la calle, se esconde, creías haberlo perdido, no quiere tomar la siesta, molesta al perro, juega con el balón en la cocina, salta sobre las rodillas del abuelo, que estaban reposando. Cuidar a un niño ocasiona un agotamiento absoluto, ya que a sus numerosas e incesantes necesidades, se añaden la pesada responsabilidad de su seguridad, la locura ante la mínima caída, la necesidad de jugar con él, responder a sus preguntas, de manera que no exista ningún tiempo muerto. A su edad no se tiene la menor idea de lo que significa la palabra "descanso". Anticipa entonces la magnitud de tu tarea, mientras se preparan para recibirlo, y esfuérzate con el entrenamiento físico y mental, como los deportistas de alto nivel.

Estado espiritual de Mami Corazón

Existe una corriente actual que me enerva, y que consiste en decir que un niño dinámico es hiperactivo, por tanto, anormalmente agitado e incontrolable. Antes de determinar un diagnóstico semejante, nuestra sociedad haría mejor revisando el número creciente de horas que pasa fuera desgastándose, la manera en que toma sus alimentos, el oído que le prestamos y su tiempo de sueño. No será frente a una consola de videojuegos, en un departamento de la ciudad, que quemará energía... y eso, hacía falta que lo dijera. Si tu nieta o nieto te agotan, considéralo como un hecho natural y, por piedad, no vayas a insinuar que tal vez sea hiperactivo. Ofrécele Omega-3, eso le hará mucho bien.

Los consejos de Mami Corazón

Aun cuando estén sobreentrenados hasta su mejor forma, al punto de batir su propio marcador, si hay un lugar a donde no les aconsejo llevar a su nieto, en este capítulo consagrado al agotamiento, desde luego, es Disneylandia, o cualquier otro parque de diversiones mayor a un kilómetro cuadrado. Su joven papá, rey del trote, y su mamá, reina de la brazada de mariposa, lo harán perfectamente, pero tú NO. Hemos visto abuelos aturdidos e incapaces de regresar a su coche, sosteniéndose en el borde del camino que lleva al estacionamiento. Hemos visto a otros dormir a la mitad del descenso en el tren escénico, es decir... créemelo, no hagas eso aunque te lo supliquen: ¡Es una prueba inhumana después de los 40 años!

LA ANSIEDAD

Ya en la época de sus hijos vivían con la angustia de alguna enfermedad, un accidente o un secuestro; es muy simple, ya no eras una madre, sino una masa de estrés ambulante, que insistía con consejos de prudencia, de puestas en guardia y alertas. Habríamos podido suponer que el tiempo iba a tranquilizar esta propensión a la dramatización y a la sobreprotección, que los años suavizarían tu desconfianza, aceptando la idea de que el mundo no solo está poblado de virus mortales, malos conductores y pedófilos.

Y bueno no, para nada. La psicosis ha resurgido y los hechos martillados en el noticiario de las 20 horas no la calmarán. Es incluso peor con tu nieto nacido en un mundo violento, contaminado y amenazado con catástrofes naturales durante los próximos 30 años. Estas espantosas perspectivas, agregadas al hecho de que no habita bajo tu techo, y más bien se encuentra fuera tu campo magnético de "alta protección", te hacen imaginarlo avanzando desnudo y desamparado en medio de todos los peligros. Podría permitirme recordarte que sus padres lo vigilan, pero me responderías que son ¡demasiado jóvenes para preverlo todo y apenas saben cuidarse solos!

Si hay un punto espinoso y encarecidamente horripilante en el comportamiento de una abuela, son sus constantes inquietudes y esta manía que tiene para acosar a los jóvenes padres, en cuanto hay una corriente de aire o una epidemia de gripe. El abuelo, más pragmático, generalmente no cae en esto, y vanamente intenta tranquilizar estas angustias psicóticas que de inmediato provocan las más triviales circunstancias. Incluso, sucede que él se ve obligado a resistir frente al teléfono, para impedirte llamar a los padres ante el anuncio de un caso de tosferina en el periódico regional, y se enfada, tratándote de "fastidiosa" —y yo soy cortés—.

¿La temperatura supera los 25 °C? Estás convencida de que el pequeño se encuentra muy cubierto, que no bebe suficiente agua y que seguramente se va a deshidratar. Estamos a –2 °C, de inmediato lo imaginas sin gorro (otitis), sin guantes (congelación), sin bufanda (amígdalas), y sin ropa lo suficientemente gruesa (neumonía).

Si aparece una pequeña fiebre o se declara una enfermedad benigna dejas de respirar, si es que han sido informados, lo que no forzosamente es el caso con los jóvenes padres, que dudan de tus excesivas reacciones y eligen no comentártelo sino hasta después de su curación, lo que evidentemente jamás les perdonarás...

Su peso y estatura igualmente son temas de preocupación. ¿Mide 2 cm menos que el pequeño vecino? Entonces, lo ves con problemas de crecimiento. ¿Apenas prueba su puré de chícharos? Entonces, diagnosticas las primicias de una anorexia mental. ¿Un barro en el omóplato? y tendrás los ojos puestos encima hasta su adolescencia.

Los consejos de Mami Corazón

Te diré algo políticamente incorrecto, aunque me da lo mismo. Tengo la íntima convicción de que las abuelas nunca hacen lo suficiente. Según yo, están ahí para ofrecer al pequeño este exceso de amor y solicitud que horroriza a sus padres, pero que le entregan a él la bella seguridad de aquellos que se saben adorados, protegidos y, por lo tanto, invencibles. Entonces, permite que tu hija suba la mirada al cielo o que tu hijo tome su aire de hombre, para decirte que "todo está bien mamá, no te preocupes", y tú continúa realizando tu trabajo de abuela de tiempo completo, mimándolo y preocupándote con el mínimo escalofrío. Eso molesta a los padres, es cierto, pero el pequeño, él lo adora.

LO INDECIBLE

Desafortunadamente, puede suceder que una verdadera angustia recaiga sobre la familia. Crucemos los dedos para quedar al margen. Hará falta, entonces, hacer una enorme prueba de autocontrol y no permitir que el terror te envuelva. El papá y la mamá necesitan de su apoyo y discreta, pero eficaz presencia, durante el tiempo que tome su pequeño aliviándose. Incluso, si en la vida cotidiana se burlan y los desairan, ahí, en ese pánico visceral, la menor de sus palabras de confianza les hará bien. Se sujetarán a su experiencia y sangre fría, como a una boya de rescate. Bueno, suficiente plática al respecto, tengo la piel de gallina.

LA ASFIXIA PARA LOS ABUELOS

> Tu nieto va a crecer y cada momento bajo el medidor, te alejará un poco más de ese maravilloso, sano y parlanchín ser, que podías apretar contra tu pecho, sin que te dijera que lo lastimas o que hueles a ajo.

Regocíjate al máximo durante sus primeros años, de su encanto y sus cariños, ya que salvo casos excepcionales, a partir de los 10 años, e incluso a veces desde ocho, el alegre muñeco o la excelsa muñeca penetrarán en un mundo poblado de amigos y amigas, de ídolos y de emblemáticas marcas. Un mundo en el que progresivamente (aunque sólo de momento), no tendrá más espacio para los padres, y todavía menos para los abuelos. ¡No porque no los quiera más, eso no! Únicamente se trata del tránsito por un vacío familiar, parece una bienvenida para los preadolescentes que aún tienen un pie en la infancia, mientras que el otro penetra en la difícil adolescencia.

No parece ser necesario recordarte que durante tu juventud, torcer la boca permanentemente, escuchar música de cierto género y vestirte como vagabundo, te ayudaron a liberarte de una camisa de fuerza para permanecer cómodo, esperando gentilmente tu mayoría de edad. Actualmente también. Desde muy joven, todo el mundo comienza, según expresión del momento, "a jugársela" y tú no escaparás al fastidio evanescente de un nieto al borde de la pubertad o los aires de estrella indignada de la pequeña y futura muchacha. Como esto corre el riesgo de avergonzarte o ser insoportable, prefiero advertirte que este comportamiento acompaña el choque frontal de la adolescencia, colocándolos al borde de la asfixia durante un buen tiempo.

No puede evitarse, durante este largo periodo en que observas al muchacho madurar en una especie de ave zancuda con voz "trinante", clavado por una mujer de 42, mientras que todavía ayer la niña, inquieta y espontánea, se transforma en un espectro gótico y anoréxico, que ciertos abuelos astutos y oportunistas pongan su granito de arena: en conflicto permanente con su padre y su madre, incomprendidos y ávidos de libertad, los nietos hacen confidencias cerca de los abuelos quienes gracias a la distancia, se han mantenido fuera de los ajustes de cuentas. Refugiados en el sillón de la sala, igual que desde su más joven edad, vendrán para aliviar su revuelta, apagar su cólera, criticar a los padres, los profesores, la tierra entera, para nuevamente partir sin decir gracias, aligerados con un cheque o algún dinero. ¿Es mejor eso que ningún tipo de relación, no es cierto?

Los consejos de Mami Corazón

Ningún consejo. ¡Cada quien se desenvuelve como puede y, de cualquier forma, aún tienen tiempo frente a ustedes!

Conclusión

A final de cuentas: un papel mag-ní-fi-co

Me entristece la idea de dejarte, pero no me molesta, en cambio, me alegra haber torcido el cuello de algunos conceptos recibidos, que todavía se apegan a la imagen de los abuelos de hoy cuando son anticuados desde hace mucho tiempo. Ni nuestro lugar, ni nuestros derechos, ni nuestros deberes, están claramente definidos, y en adelante deben maniobrar en las estructuras familiares alteradas para ganar, a fuerza de voluntad pero también con resignación, el lugar que legítimamente nos corresponde en el corazón de nuestro nieto.

No existe amargura en mis propósitos; solo una observación que se inscribe en el curso de la modernidad y que sacude el árbol de los valores familiares. Ya te lo he dicho: tienes una segunda función, de oro ciertamente, pero igualmente secundada por siempre ceder la prioridad a los jóvenes padres y eso no ha cambiado desde el principio de los tiempos. ¡Recuerda las revueltas internas cuando tu madre o tu suegra se entrometían con la forma en que estabas educando a tu primer hijo!

Así que sujétense, queridos abuelos, y no renuncien jamás, incluso si en ocasiones les parece que sus méritos y generosidad no son suficientemente reconocidos. Nunca hablen de ingratitud: es una palabra incongruente en la medida que aquello que otorgan no implica reconocimiento, ya que la finalidad de ese magnífico papel no es más que amor a ofrecer, a recibir, a compartir. Tienen la inusitada suerte de convertirse en abuelo o abuela, ahora que todavía son jóvenes. Gracias a la ciencia, podrás ofrecerle alegría a tu corazón durante largos años. Depende de ti la felicidad de construir una sólida y larga relación con el pequeño al que verás crecer, incluso tal vez hasta su matrimonio, si es que todavía existe y, aún mejor, hasta el nacimiento de sus propios hijos, ya que eso... ¡eso siempre existirá! Es una locura, todos esos años de besos en perspectiva, ¡incluso si a veces suenan "goulp" en lugar de "smac"!

Sean aquel y aquella que inscriban inolvidables historias en la infancia, para acomodarlas en su memoria de adulto, y para la fecha en que sólo serán polvo y recuerdos, háganlo de tal manera que estos últimos dibujen una hermosa sonrisa nostálgica, mientras dicen "recuerdo que cuando era pequeño mis abuelos me..."

Esperen, ¡aún tengo tres cosas que decirles!

Repentinamente pienso en tres consejos que olvidé decirles, y que me parecen importantes.

¡A su salud!

El primero, tiene que ver con su salud, que se encuentra, espero, floreciente. Por desgracia, cuando tenemos un poco de edad (dije un poco...), pequeñas piezas salen de orden en nuestra mecánica. ¿Necesito enumerarlas? Nadie es la excepción, pero la manera en que vivimos estos inconvenientes depende de su naturaleza, de nuestro umbral de tolerancia al dolor, de factores psicosomáticos y de nuestra calidad de vida. Entonces, con frecuencia, encontramos a partir de los 50 años, a quejumbrosos crónicos que se levantan cada mañana con alguna flatulencia atravesada, quebrando los oídos de todos aquellos que tuvieron la mala fortuna de preguntarles "hola, ¿cómo estás?". Y a quienes atrapa durante 35 minutos.

No sean como ellos. O bien, si no pueden impedirlo, reserven esa monserga para su pareja. Por otra parte, ¡ahórrenselas al pequeño, que no tiene sino una percepción muy abstracta de la migraña, el reumatismo, el lumbago o los juanetes! ¿De qué les sirve engañar con su edad y jugar a los abuelos de la nueva era si se lamentan como viejillos enfermizos? ¿Han pensado en la imagen que le dejarán? Así que, por favor, silencien sus males y tomen antiinflamatorios, pero no gasten su tiempo quejándose y repitiendo siempre la misma letanía:

"Cuidado, me duele (la espalda, el brazo, el cuello, el pie). Sabes, a la abuela (o al abuelo) le duele, ya verás cuando tengas mi edad... ¡Ah no, no es agradable envejecer!"

Atención a los cambios

Si la naturaleza aborrece el vacío, recuerda que los niños pequeños tienen terror al cambio, ¡particularmente en casa de sus abuelos! Lo soportan porque no tienen elección, a pesar de las cicatrices que les genera la separación de sus padres al adoptar una custodia alterna, o simplemente al mudarse, puedo decirles que la mínima agitación en casa de los abuelos es muy disputada.

No puedes imaginar hasta qué punto tu nieto ha inventariado y memorizado lo que sucede en sus vidas, en ustedes y en su casa. "Cuando uno es viejo (fue él quien lo dijo: no yo), ya no cambias ni de casa, ni de país, ni de esposo o esposa". Trata de cambiar un mueble de lugar o peinarte diferente,¡ y lo verás!

Entonces, si planeas volverte policía, ir a vivir a la campiña o bajo una tienda de campaña en Mongolia, ¡prepara el terreno! No se lo digas de sorpresa, lo desestabilizarás por completo. En su lugar, incluso de resultar muy joven para tener una opinión, igualmente solicítala, involúcralo en tu decisión, otórgale importancia y será el primero en querer descubrir el paraíso que le habrás descrito.

¡No toques a mi abuelo!

En fin, si consideras que NO, no pasarás el resto de tu vida con ese vejete malhumorado o esa buena mujer execrable, y que SÍ, tienes ganas de carne fresca, de un crucero en solitario o simplemente de tranquilidad con un perro y tus libros en alguna cabaña canadiense, hazlo porque la vida es corta, pero entérate de que tu nieto te lo reprochará hasta el final de sus días.

Resulta inútil explicarle con infinitas precauciones que su abuelo y su abuela ya no están de acuerdo y que la separación les alegra a ambos: para él es incomprensible e inaceptable. Él los amaba juntos, punto, es todo. No puede aceptar la idea de verlos al uno sin el otro, incluso si pensaba que la abuela molestaba al abuelo todo el tiempo, o que a veces, el abuelo le gritaba muy fuerte a la abuela. Piensa al respecto antes de llevarte tu ropa...

Y para terminar

Una pequeña disculpa a los jóvenes padres que considero haber tratado un poco mal, pero que espero habrán "entendido" por mi voz, aquello que muchos abuelos no se atreven a decir. "Niña de nuestros ojos, amor de nuestra vida, adorado pequeño tesoro" no son sólo palabras lanzadas sobre una cuna, sino la expresión de todo el amor que tenemos para esa nieta o ese nieto, primeros en la nueva línea. Así que, por favor, no lo olviden, por que si ustedes son siempre los valores esenciales de su hijo, justo después, un poco debajo ¡estamos nosotros!

Anexo

RECETA DE HUEVOS A LA NIEVE

(Que irrumpen en la casa en cada ocasión, salvo cuando nada más les gusta el chocolate o los encurtidos...)

En el capítulo del sabor, tal vez te acuerdes de que mencioné los recuerdos de la infancia, asociados con los platillos que confeccionaban nuestras abuelas. Y si hay alguno que todavía haga soñar a grandes necios de 40 años, o a muy glamorosas criaturas durante el postre, ¡esos son los huevos a la nieve! A menudo, pasamos toda una vida tratando de encontrar el sabor exacto, comparando, y luego dejando la cuchara con una mueca de consternación: "no, no son, los suyos tenían un poco de algo más...". Como soy una muchacha chic, te voy a confiar mi propia receta, tomada del libro de cocina de mi abuela y que, espero, formará parte de los recuerdos infantiles de mi Max (y de sus nietos), en caracteres casi tan grandes como los nombres de los jugadores en el Manchester United.

NOTA: Las proporciones están concebidas para 5 a 6 personas, pero es mejor ser generoso: probablemente se encuentren pequeños dedos codiciosos para abrir suavemente el refrigerador y probar esa espuma flotante tan ligera. Y tú dices: "pero me pregunto, ¿dónde se esconde el pequeño ratón que siempre viene a robarse mis huevos a la nieve?"

137

Tiempo de preparación: 30 minutos
Para 5 a 6 personas

1 cacerola
1 sartén
1 pala

Ingredientes para la crema y la nieve

4 huevos
500 ml de leche entera
180 g de azúcar glas
sal

Ingredientes para el caramelo

80 g de azúcar glas
unas gotas de limón

La crema

Vierte la leche entera en una cacerola y déjala hervir. Retírala del fuego tan pronto haga las primeras burbujas, de modo que no conserve un sabor a quemado. Déjala enfriar por 15 minutos. Separa las claras de las yemas. Coloca las claras en una ensaladera, las yemas en una cacerola y agrégales 60 g de azúcar. Bate vigorosamente para que la mezcla se blanquee. Después, añade lentamente la leche tibia, revolviendo constantemente con una cuchara de madera.

Coloca la cacerola a fuego lento y cocina esta crema sin dejar de mezclarla hasta que cubra la cuchara. A continuación, viértela en un bonita copa de vidrio transparente (¡Sí, así es como lo prefiero!).

La nieve

Comienza por llenar una sartén grande con agua y déjala calentando a fuego lento. Mientras tanto, bate las claras a punto de turrón agregando una pizca de sal, y luego el resto del azúcar. ¡Los huevos deben tener una consistencia compacta! Usando un pequeño cucharón o una cuchara de vidrio, recoge la mezcla y sumérgela delicadamente en agua caliente. Déjalas cocinando un minuto de cada lado, luego retíralas con ayuda de la pala y colócalas sobre una toalla de papel. Déjalas enfriar, luego coloca estas magníficas masas relucientes y nevadas en la crema. Personalmente, no me gusta que queden demasiado regulares y prefiero que semejen a dos grandes icebergs.

El caramelo

Vierte el azúcar en una pequeña cacerola añadiendo unas cuantas gotas de limón. Déjalo dorar a fuego lento y mientras se enrosca en la cacerola, extiéndelo sobre las claras, en pequeñas raciones.

Es la receta tradicional. Para la receta de mi abuela, conviene agregar algunas gotas de almendra amarga, así como el praliné (almendras confitadas en azúcar) molido en la crema, para que truene entre los dientes, al tiempo que se deslizan voluptuosamente los grandes bocados de nieve fundida, envueltos en suave crema...

¡Buena suerte!

DESPUÉS DEL FUTURO, EL PASADO: ENFÓCATE ANTES CON LOS BISABUELOS

Partan como lo que son, si un nuevo virus gripal no los extermina, si han dejado de fumar durante treinta años y si practican una colonoscopia cada tres años, llegará el día en que sean nombrados "bisabuelos". Probablemente, esto no los haga soñar, pero, en su momento, igual estarán contentos de haber llegado, ¡a reserva de todavía mantenerse en pie y no tener el cerebro demasiado dañado!

Antes de cerrar esta guía, detengámonos un momento con los bisabuelos, principiantes también, para los que ustedes y su nueva pequeña familia deberán descubrir el modo de empleo, nada evidente.

Un bisabuelo generalmente está solo, con mayor frecuencia del sexo femenino (la longevidad del hombre se reduce algunos años, respecto a la de la mujer). Gracias a los avances en gerontología, no es raro que alcance los 85 a 90 años, por no hablar de los centenarios, cada vez más numerosos. En el mejor de los casos vive en un pequeño apartamento rodeado de sus recuerdos sepia, colocados sobre manteles con encajes y protegidos del mundo detrás de las cortinas que le regaló su madre. De lo contrario, con pequeños pasos, a una hora fija, avanza hacia el comedor de una casa de retiro más o menos agradable, rodeada por un parque arbolado, de acuerdo con el nivel de su pensión y la de tu contribución. Pero cualquiera que sea el lugar, la misma pregunta surge cuando lo vas a visitar: "y ahora, ¿cuándo volveré a verte?"

Sí, la razón principal para "seguir viviendo" de un bisabuelo, es la de estar esperando por ti. No le importa mucho la bata de baño muy caliente o la caja con boberías que le ofreces: lo que él quiere es a ti, para tener un respiro de vida, mostrando a su vecina y a los demás residentes que sus hijos no lo han abandonado, y que aún tiene visitas. Mien tras que completamente orgullosa, desafiando el riesgo de cualquier contagio y la proximidad de una muerte demorada, te decides a presentarle a su primer bisnieto, no esperes grandes desbordes de amor y admiración. Los viejos mayores no se interesan mucho, excepto por su salud, la televisión y los recuerdos que tu presencia reaviva. El bisabuelo, cuando mucho, le encontrará un parecido lejano con algún primo y lo gratificará cosquilleándole la barbilla para hacerlo sonreír, pero temerá tomarlo en sus brazos que ya no tienen la fuerza de soportar gran cosa. Es muy extraño que la pasión nazca entre generaciones tan distantes, pero, ¿no se deberá al hecho de que tal vez a una edad avanzada tememos tejer vínculos que resultan muy frágiles por el tiempo que falta?

Entonces, no seas estricto con el comportamiento de tu bisabuela o bisabuelo. En su corazón, colmado de una larga vida de amores, alegrías y penas, este bonito bisnieto ya no tiene lugar, sino aquél de una asombrada ternura que alumbrará su rostro con una melancólica sonrisa. Por tanto, no abandones las visitas regulares con el pequeño o la pequeña: hacen mucho bien a la persona de edad, incluso si la percibes fatigada o molesta por este contacto total; que voltea los vasos, gesticula y muestra aspavientos en las fotografías. Su moral y supervivencia, en parte dependen de estos momentos de juventud, que vienen a animar su letargo (o existencia vegetativa). Si el niño corre el riesgo de no recordar los momentos que pasó con su bisabuelo(a), entérate de que, no obstante, son parte de la construcción de su historia familiar y más tarde, hojeando ese viejo álbum de fotografías que te obstinaste en construir, a pesar de la era digital, experimentará una dulce emoción al encontrar a la bisabuela o al bisabuelo, ¡compartiendo el mismo nombre en tercer lugar sobre su acta de nacimiento!

Los consejos de Mami Corazón

El aniversario de la anciana dama o del anciano señor constituye la mejor oportunidad para reunir a toda la familia y organizar una pequeña fiesta alrededor, o no, de su silla de ruedas. Ahí tampoco esperes grandes desbordes de alegría de su parte, pero tampoco estás a salvo de una lágrima que cruzará la barrera de su catarata, para estremecerte al momento de partir el pastel.

Siempre pensamos que la vejez es portadora de una infinita tristeza y de dolorosos arrepentimientos de aquello que no será más: yo creo que las emociones disminuyen con el tiempo que vivimos en silencio, obstruidos en un presente a menudo difícil para el cuerpo, y donde lo que parece tristeza, más bien resulta un tranquilo (y un tanto egoísta) lugar alejado de las emociones perturbadoras. ¡Aunque tal vez sea para tranquilizarme!

CUESTIONARIO

¿Y QUÉ OPINARÍAS DE UNA PEQUEÑA PRUEBA?

Eso es cierto: compramos una guía para abuelos principiantes, nos concentramos, aprendemos varias cosas, no vemos el paso del tiempo ¡y pum! La palabra finalmente salta sobre el rostro. En la medida que traté de consentirlos desde la primera página, llegaré al final de mi misión ofreciéndoles esta gentil y pequeña prueba, como un regalo que les ayudará a dejarme suavemente, al tiempo que procede con un reconocimiento de lo que saben. Nada valdrá esta autoevaluación sin concesión para darse cuenta del camino recorrido y tal vez de lo que aún falta hacer para convertirse en abuelos de primer nivel. Descubre la nota que merecerías sobre tu boleta de calificaciones en la escuela de abuelos:

1. "¡Felicidades!"
2. "Cierto progreso, aunque podría mejorar".
3. "Alumno disipado, debe reanudar".

Deberás responder honestamente con sí, tal vez o no, a preguntas en las que no habías profundizado hasta este día, pero que durante los primeros años de tu nieto, surgirán repentina e imperativamente, ya seas el abuelo o la abuela.

¿Listo? Arranca.

Pregunta 1.

¿Sabes con precisión lo que es una Cajita Feliz?

Respuesta abuelo

☐ Sí   ☐ Tal vez   ☐ No

Respuesta abuela

☐ Sí   ☐ Tal vez   ☐ No

Pregunta 2.

Sin pensarlo, ¿podrías darme el nombre de algún primo en segundo grado, por tu lado materno?

Respuesta abuelo

☐ Sí   ☐ Tal vez   ☐ No

Respuesta abuela

☐ Sí   ☐ Tal vez   ☐ No

Pregunta 3.

¿Sabes qué curso precede a primero de secundaria?

Respuesta abuelo

☐ Sí   ☐ Tal vez   ☐ No

Respuesta abuela

☐ Sí   ☐ Tal vez   ☐ No

Pregunta 4.

¿Sabes lo que es un manga?

Respuesta abuelo

☐ Sí   ☐ Tal vez   ☐ No

Respuesta abuela

☐ Sí   ☐ Tal vez   ☐ No

Pregunta 5.

¿Conoces el calzado promedio de un niño de 14 meses?

Respuesta abuelo

☐ Sí   ☐ Tal vez   ☐ No

Respuesta abuela

☐ Sí   ☐ Tal vez   ☐ No

Pregunta 6.

¿Sabes de qué color es el gorro de Pocoyó?

Respuesta abuelo

☐ Sí   ☐ Tal vez   ☐ No

Respuesta abuela

☐ Sí   ☐ Tal vez   ☐ No

Pregunta 7.

¿Se le ofrece carne molida a un niño de 10 meses?

Respuesta abuelo

☐ Sí   ☐ Tal vez   ☐ No

Respuesta abuela

☐ Sí   ☐ Tal vez   ☐ No

Pregunta 8.

¿Recuerdas lo que significa RGE?

Respuesta abuelo

☐ Sí   ☐ Tal vez   ☐ No

Respuesta abuela

☐ Sí   ☐ Tal vez   ☐ No

Pregunta 9.

¿Conoces el número de posiciones de un chupón actual?

Respuesta abuelo

☐ Sí   ☐ Tal vez   ☐ No

Respuesta abuela

☐ Sí   ☐ Tal vez   ☐ No

Pregunta 10.

¿Te atreverías, a escondidas de los padres, a registrar a tu nieto en algún club de fans?

Respuesta abuelo

☐ Sí   ☐ Tal vez   ☐ No

Respuesta abuela

☐ Sí   ☐ Tal vez   ☐ No

Pregunta 11.

Desde el día en que nació y hasta hoy, ¿lo has cuidado al menos 15 veces?

Respuesta abuelo

☐ Sí   ☐ Tal vez   ☐ No

Respuesta abuela

☐ Sí   ☐ Tal vez   ☐ No

Pregunta 12.

Francamente tienes la fuerte impresión de que tu hija (o nuera) fue una pequeña idiota (¡Oh, lo siento!), el día que te hizo comprender que no tenías por qué entrometerte en la educación de su hijo...

Respuesta abuelo

☐ Sí   ☐ Tal vez   ☐ No

Respuesta abuela

☐ Sí   ☐ Tal vez   ☐ No

Pregunta 13.

¿Y estás resignado(a) a no decir nada?

Respuesta abuelo

☐ Sí   ☐ Tal vez   ☐ No

Respuesta abuela

☐ Sí   ☐ Tal vez   ☐ No

Pregunta 14.

¿Sabes la diferencia entre un iPod y un podcast?

Respuesta abuelo

☐ Sí   ☐ Tal vez   ☐ No

Respuesta abuela

☐ Sí   ☐ Tal vez   ☐ No

Pregunta 15.

¿Estarías muy contrariado de tener que elegir entre la final de la Copa UEFA y una noche cuidando niños?

Respuesta abuelo

☐ Sí   ☐ Tal vez   ☐ No

¿Estarías muy contrariada de tener que elegir entre un episodio de "Esposas desesperadas" y una noche cuidando niños?

Respuesta abuela

☐ Sí   ☐ Tal vez   ☐ No

Pregunta 16

¿Tienes una vaga idea del número de medidas de leche en polvo que se añaden a 150 ml de agua, para preparar un biberón digno de ese nombre?

Respuesta abuelo

☐ Sí   ☐ Tal vez   ☐ No

Respuesta abuela

☐ Sí   ☐ Tal vez   ☐ No

Pregunta 17.

¿Te sabes de memoria la continuación del famoso verso: "Cuando el niño aparece, el círculo familiar..."?

Respuesta abuelo

☐ Sí   ☐ Tal vez   ☐ No

Respuesta abuela

☐ Sí   ☐ Tal vez   ☐ No

Pregunta 18.

¿Podrías dar algunos nombres de los superhéroes admirados e idolatrados por los niños pequeños y de las superheroínas adoradas y queridas por las niñas de hoy?

Respuesta abuelo

☐ Sí   ☐ Tal vez   ☐ No

Especifique:

Para las niñas _____

Para los niños _____

Respuesta abuela

☐ Sí   ☐ Tal vez   ☐ No

Especifique:

Para las niñas _____

Para los niños _____

Pregunta 19.

¿Por la noche, te sientes capaz de contar una historia sin dormirte al mismo tiempo que el pequeño, luego de algunos minutos?

Respuesta abuelo

☐ Sí   ☐ Tal vez   ☐ No

Respuesta abuela

☐ Sí   ☐ Tal vez   ☐ No

Pregunta 20.

¿Estás decidido a hacerte llamar abuelo y abuela?

Respuesta abuelo

☐ Sí   ☐ Tal vez   ☐ No

Respuesta abuela

☐ Sí   ☐ Tal vez   ☐ No

¿O tienes otro nombre que te estremezca el corazón?

Respuesta abuelo

☐ Sí   ☐ Tal vez   ☐ No

En caso afirmativo, precise cuál: _____

_____

Respuesta abuela

☐ Sí   ☐ Tal vez   ☐ No

En caso afirmativo, precise cuál: _____

_____

Resultados

Tienes "todo bien":

A mí no me la aplican: seguramente hiciste trampa.

Tienes más de 15 Sí:

Me quito el sombrero: no se te escapó ninguno de mis consejos, estás en el nivel superior y listo(a) para comenzar una gran carrera de súper abuelo o abuela.

Tienes entre 10 y 15 Sí:

Vuelve a leer uno o dos capítulos, todavía te pueden beneficiar mis consejos. Toma algunas notas y recomendaciones de tus amigos abuelos cuyo puntaje es mejor que el tuyo. ¡Solo un poco más de esfuerzo y la gloriosa corona de súper abuelo y abuela será suya!

Tienes menos de 10 Sí:

Comenzaste por el final y realizaste la prueba antes que la lectura del libro, ¿no es cierto? De lo contrario, aún queda trabajo por hacer. ¡Pero no te desanimes, el amor hace milagros, e incluso transforma a los más incompetentes en asombrosos abuelo y abuela!

Soluciones

Respuesta 1

La Cajita Feliz[MR] es el culto a la comida para los niños en McDonalds[MR].

Respuesta 2

Depende de usted para encontrarlo.

Respuesta 3

Antes de primero de secundaria, está sexto de primaria.

Respuesta 4

Un manga es un cómic japonés.

Respuesta 5

A los 14 meses, un niño calza aproximadamente 12/14, pero tienes suerte: no existe una regla absoluta.

Respuesta 6

Pocoyó tiene un gorro azul.

Respuesta 7

Sí, un niño de 10 meses come carne. La variedad comienza alrededor de los 6 meses de edad.

Respuesta 8

RGE es la abreviación de Reflujo Gastroesofágico, a menudo escucharás al hablar al respecto, sobre todo cuando el niño bebe leche de fórmula.

Respuesta 9

Los chupones actuales tienen tres posiciones.

Respuestas 10-13

Ahí, corresponden a tu apreciación.

Respuesta 14

iPod es la marca de un reproductor digital. Si respondiste "una máquina para escuchar música en la calle", como quiera está bien.

Podcast, es un archivo de audio o video, que podemos descargar en un iPod. ¿Pensaste en otra cosa?

Respuesta 15

¡No me permitiré responder en tu lugar!

Respuesta 16

Se requiere una medida de fórmula por cada 30 ml de agua. Por tanto, cinco medidas para 150 ml de agua.

Respuesta 17

Vaya, una gran oportunidad para recitar completo este magnífico poema:

Víctor Hugo
"Cuando el niño aparece"
escrito en mayo de 1830

Si en familiar tertulia,
De pronto aparece el niño;
¡Qué alborozo!,
¡Qué sincera explosión de regocijo!
La luz que en sus ojos brilla,
Ya en todos brilla lo mismo,
Y al verlo tan inocente,
Tan gozoso, de improviso
Resplandecen los semblantes;
Más adustos y sombríos.

Sonría en el huerto Mayo,
O ante el hogar encendido,
Las sillas el crudo invierno;
Agrupe en estrecho círculo,
Cuando llega el tierno infante,
Todo es júbilo y bullicio;
Unos lo besan y abrazan,
Otros lo llaman a gritos,
Y su madre tiembla viéndolo
Andar vacilando y tímido.

Muchas removiendo
El fuego, en coloquios íntimos,
De Dios y la patria hablamos;
Del alma, de su infinito
Anhelar, de los poetas...;
Pero llega alegre el niño.
Y ¡adiós cielo, y alma y patria!
¡Adiós los vates divinos!

Brotó la sonrisa, y queda
El diálogo interrumpido.
De noche, cuando el silencio,
Y el sueño reinan tranquilos,
Y sólo se oye a lo lejos,
Como incesante suspiro,
Gemir entre inquietas cañas,
Las mansas aguas del río,
Apenas surge la aurora,
Unen, en triunfales himnos,
Las campanas y los pájaros,
Sus repiques y sus trinos.

Alborada sois vosotros,
¡Oh pequeñuelos queridos!
Y el alma mía, floresta,
Que a su resplandor dulcísimo,
Contesta con el aroma,
De las rosas y los lirios;
O bien selva enmarañada;
Cuyo lóbrego recinto,
Llenáis de claros fulgores,
Y de murmurios idílicos.

Las hojas de otoño, xix, 1831

Respuesta 18

Las superheroínas adoradas y queridas por las niñas son: Barbie^MR, aunque esa fue fácil, Dora la Exploradora y para las más educadas, los Winx.
Los superhéroes admirados e idolatrados por los niños son: el Hombre Araña, Supermán, Ironman, Batman y… Ronaldinho.

Respuesta 19

Y bueno no, no tengo la respuesta correcta… pero si roncas, ¡cuenta con tu nieto para despertarte entre fanfarrias!

Respuesta 20

¡No hay ninguna vergüenza en hacerse llamar abuelo y abuela!

La publicación de esta obra la realizó
Editorial Trillas, S. A. de C. V.

División Administrativa, Av. Río Churubusco 385,
Col. Gral. Pedro María Anaya, C. P. 03340, México, D. F.
Tel. 56884233, FAX 56041364

División Logística, Calzada de la Viga 1132, C. P. 09439
México, D. F. Tel. 56330995, FAX 56330870

Esta obra se imprimió
el 30 de agosto de 2013, en los talleres de
Grupo Industrial Monte Sion, S. A. de C. V.

B 105 TW